아파하는
교사에게 주는
하나님의
쪽지

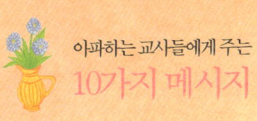
아파하는 교사들에게 주는
10가지 메시지

아파하는
교사에게 주는
하나님의
쪽지

한만오 지음

아파하는 교사에게 주는
하나님의 쪽지
copyright ⓒ 한만오 2012

초판 1쇄 발행 2012년 11월 15일
초판 6쇄 발행 2016년 10월 15일

  지은이 한만오
  펴낸이 장대윤

  펴낸곳 도서출판 대서
    등록 제22-2411호
    주소 서울시 서초구 방배동 981-56
    전화 02-583-0612 / 팩스 02-583-0543
    메일 daiseo1216@hanmail.net

  디자인 참디자인(02-3216-1085)
일러스트 황성욱

ISBN 978-89-92619-74-5 03230

        책값은 뒷표지에 있습니다.
        잘못된 책은 교환하여 드립니다.

프롤로그

"주일학교 교사로서 한계를 느껴요."

"주일이 다가오는 게 너무 부담돼요."

"저보다 더 성숙한 분이 아이들을 맡아 주셨으면 좋겠어요."

"내년에는 교사 그만두고 싶어요."

교사들은 지금 아파하고 있다. 누가 알아주지도 않고 내 돈 쓰면서 아이들 위해 속 끓여도 영 티가 안 나는 일이다. 처음의 사명감이나 자존감이 약해지는 모습을 보는 자괴감은 이루 말할 수 없다. 주일이 다가올수록 우울해지는 교사가 많아지고 있다.

이 책은 이렇게 아파하는 교사들에게 주는 하나님의 10가지 메시지를 담고 있다.

아파하는 교사에게 잘 듣는 명약이나 처방전은 사람들의 위로나 격려, 지지가 아니다. 오직 하나님의 말씀과 성령의 도우심이며 잠잠히 그분의 인도와 변화를 소망하라고 우리에게 거듭 말씀하신다.

이 책은 교사용 교재나 실천하기 힘든 지침서는 아니다. 오히려 교사의 입장에서 바른 방향을 잡고자 쓴 나침반 같은 책이다. 또한 634명의 교회학교 교사에게 직접 설문한 결과를 기초로 교회학교와 교사의 현주소와 지향을 점검해 보았다.

콩나물시루의 물이 빠져나갈수록 콩나물은 쑥쑥 자라듯이 교사의 기도와 눈물을 먹고 아이들은 어느덧 자란다.

이 책을 통해 하나님의 지혜와 지지를 얻고 영성의 시야가 더욱 넓어져 영혼이 잘되고 범사에 승리하는 교사가 되는 은혜를 더욱 간구한다.

매주 도시와 시골의 크고 작은 교회에서 성경의 가

르침과 그리스도인의 본을 보여 주시고자 애쓰는 하나님의 교사들에게 이 책을 바친다.

2012년 은혜로운 가을날
백석대학교 캠퍼스의 작은 연구실에서
한만오 드림

차례

프롤로그 · 7

첫 번째 하나님의 쪽지
교사의 아픔 /

아프니까 교사다 · 14
교사가 가장 아파해야 하는 것은? · 18
교사를 아프게 하는 6가지 이유 · 21
교사의 아픔은 교사의 사명이다 · 26

두 번째 하나님의 쪽지
교사의 자존감 /

주일학교 교사 94% "교사로서 자부심 느낀다." · 34
교사의 자존감 회복이 아이들의 자존감보다 먼저다 · 36
자존감 높은 교사의 특징 9가지 · 40
교사가 자존감이 높아야 하는 이유 · 45

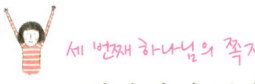
세 번째 하나님의 쪽지
하나님이 원하시는 교사의 조건(7가지) /

첫째, 냄비형 교사가 아닌 가마솥형 교사 · 59
둘째, 가르치는 교사가 아닌 배우는 교사 · 59
셋째, 시키는 교사가 아닌 함께하는 교사 · 62
넷째, 손을 잡아 주는 교사가 아닌 등을 대주는 교사 · 64
다섯째, 말로만 하는 것이 아닌 본을 보여 주는 교사 · 65
여섯째, 지식을 주는 교사가 아닌 사랑을 주는 교사 · 67
일곱째, 아이들의 변화를 요구하는 교사가 아닌
　　　　나부터 변화하는 교사 · 70

네 번째 하나님의 쪽지
교사의 꿈(사명) /

나는 꿈꾸는 교사인가? · 78
교사의 꿈은 사명이다 · 83
교사의 사명 5가지 · 84

다섯 번째 하나님의 쪽지
교사의 인격 /

인격에 대한 명언들 ·102
인격의 영향 ·105
학생들이 좋아하는 교사 vs 싫어하는 교사 ·109
인격적인 교사의 특징 4가지 ·114

 여섯 번째 하나님의 쪽지
교사의 기도 /

아이들과 함께 나누고 싶은 기도에 대한 명언들 ·128
교사의 기도는 강하다 ·132
가르침의 시작은 기도 ·136
기도는 보이지 않는 섬김이다 ·140
자신을 위해 기도하는 교사가 되라 ·142
교사가 기도 못하는 이유 ·146

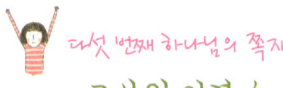 일곱 번째 하나님의 쪽지
교사의 리더십 /

단어로 풀어보는 리더(leader) ·162
따르고 싶은 리더의 조건 ·166
보스형 리더 vs 지도자형 리더 ·170
세상 리더 vs 영적 리더 ·175

여덟 번째 하나님의 쪽지
교사의 함정 /

비본질에 집착하는 것 · 188
자기 자랑하느라 아이들을 무시하는 것 · 193
통(通)하지 않는 것 · 197
감정을 통제하지 못하는 것 · 200
말 실수하는 것 · 203

아홉 번째 하나님의 쪽지
교사의 위대성 /

교사는 가장 위대한 리더다 · 214
교사는 위대한 사명을 위임 받은 사람이다 · 219
성경에서 말하는 위대한 교사가 되는 길 · 221
교사에 대한 오해들 · 226
위대한 교사는 떠나지 않는다 · 229

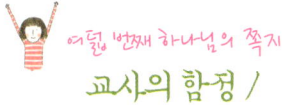
열 번째 하나님의 쪽지
아파하는 교사에게 주는 하나님의 격려 /

누구나 격려가 필요하다 · 240
교사도 격려가 필요하다 · 243
교사에게 필요한 2가지 격려 · 246

첫 번째 하나님의 쪽지
교사의 아픔

나는 교사다. 교사는 이끄는 사람이다. 여기에 신기한 비법은 없다. 나는 물 위를 걷지도 않는다. 바다를 가르지도 않는다. 다만 아이들을 사랑할 뿐이다.
_마르바 콜린스

내가 네게 명령한 것이 아니냐 강하고 담대하라 두려워하지 말며 놀라지 말라 네가 어디로 가든지 네 하나님 여호와가 너와 함께 하느니라 하시니라
_여호수아 1:9

아프니까 교사다

"교사는 완벽한 사람일 것이다."
"교사는 신앙적으로 성숙한 사람일 것이다."
"교사는 육적으로나 영적으로 지칠 줄 모르는 사람일 것이다."

이런 생각들은 선입견이거나 오해다. 교사도 사람이기 때문에 지치고 힘들 때가 많다. 때로 한계에 부딪쳤다고 느끼고는 하나님이 주신 교사의 직분과 사명을 당장 그만두고 싶을 때도 있다.

그렇다면 교사들은 왜 그들의 소중한 직분과 사명을 그만두고 싶어 할까? 그 이유를 잘 설명해 주는 자료를 소개하고자 한다.

교회학교 교사직을 언제 가장 그만 두고 싶으십니까?

문항	빈도	%
① 내가 가르친 학생의 변화가 없을 때	148명	23.3
② 학생들이 예의가 없을 때	76명	12.0
③ 교회에서 교회학교나 교사에 대한 무관심, 지원이 없을 때	114명	18.0
④ 내가 가르치는 반이 부흥되지 않을 때	80명	12.6
⑤ 기타	88명	13.9

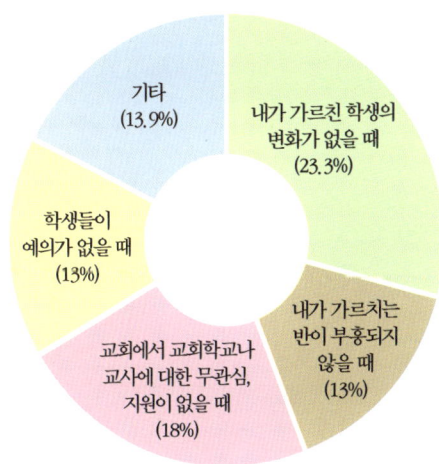

❖ 이 자료는 전국 교회학교 교사를 대상으로 2012년 8월 27일~9월 21일까지 저자가 직접 조사한 설문결과이다(참가한 교회학교 교사 : 634명).

교회학교 교사만 아파하고 그만두고 싶어 하는 것일까? 아니다. 일반학교 교사들도 탈진증후군을 느껴 학교를 떠나고 싶어 한다.

교사 10명 중 8명 '만족도 · 사기 ↓'… 땅에 떨어진 교권

교사 자신의 교직 만족도를 묻는 질문에는 46.7%가 '대체로 만족한다', 9.6%가 '매우 만족한다'고 답해 과반이 만족한다고 답했다. '보통이다'는 25.7%, '별로 만족하지 않는다'는 15.1%, '전혀 만족하지 않는다'는 2.9%였다.

교직만족도가 낮아지거나 스트레스를 받는 이유로는 '학생 생활지도의 어려움'이 29.8%로 가장 많았다. 다음은 '교사의 권위를 인정하지 않는 학부모의 태도'(22.6%), '교직에 대한 사회적 비난여론'(21.1%), '학생교과지도 및 잡무의 어려움'(14.0%) 순이었다.

(출처: 국민일보 2012년 5월 15일자 기사 중 인용)

교사가 아파하는 것은 당연하다. 아프니까 진짜 교사다. 아파하지 않는다면 가짜 교사일 것이다. 그러므로 교사의 아픔은 진짜 교사로 가는 필수 코스다.

교회학교의 승부는 예산이 아니다. 힘들어하면서도 아이들이 좋아서 눈물로 기도하며 열정으로 뛰고 있는 교사에게 달려 있다. 이 책을 읽는 모든 교사 분들에게 이렇게 말씀드리고 싶다.

교사들이여!
교회 안팎의 현실과 상황이 힘들다 해도 하나님께서 주신 교사의 직분과 사명을 쉽게 포기하지 말고 새 힘을 내시기 바란다. 아이들 편에서 아이들을 끝까지 사랑하시기 바란다. 그러면 아이들이 차츰 변화될 것이고, 이들은 자라서 이 세상을 변화시키는 하나님의 사람이 될 것이다.

> 대답하되 두려워하지 말라 우리와 함께 한 자가 그들과 함께 한 자보다 많으니라 하고 _열왕기하 6:16

교사가 가장
아파해야 하는 것은?

사역의 열매가 없을 때 교사는 낙심하게 되고 자신감이 떨어진다. 아무리 전도해도 내 반이 부흥되지 않을 때 교사들은 실망하거나 상실감에 빠지게 된다. 교사직이 버거워 그만두고 싶어진다.

한 명의 어린 영혼을 잃어버릴 때 아파하는 교사가 진짜 교사다. 한 영혼의 실족이나 상실만큼 교사에게 커다란 아픔은 없다.

이때 교사는 예수님의 아픔을 되새겨보아야 한다. 그리고 그분의 아픔에서 회복의 지혜를 얻어야 한다.

예수님의 아픔에 대한 내용을 살펴보자.

"무리를 보시고 불쌍히 여기시니 이는 그들이 목자 없는 양과 같이 고생하며 기진함이라"_마태복음 9:36

예수님께서는 무리를 보시고 불쌍히 여기셨다. 왜냐하면 그들은 마치 목자 없는 양 같이 길을 잃고 지쳐 있었기 때문이다. 이들의 영혼 상태를 보면서 아파하시는 주님의 심정을 우리는 이해할 수 있을까? 주님께서는 기진한 무리를 한없이 안쓰럽고 측은히 여기셨다.

아프냐? 나도 아프다. 이것이 바로 우리에게도 품기 원하시는 사랑과 자비의 마음이다. 아픔을 공감하는 것. 우리 교사에게도 영혼을 불쌍히 여기는 주님의 아픔이 절실히 필요하다.

영혼을 사랑하고 불쌍히 여기기에 아파하는 주님처럼, 우리 교사도 마음이 아파야 한다. 이것이 교사가 갖추어야 할 자격 중에서 가장 최고라고 생각한다. 탁월한 성경지식을 가지고 가르치는 것보다 예수님을 알지 못해서 하나님 없이 살아가고 있는 어린 영혼들을 측은히 여기고 아파하는 교사가 사명감 있는 목자라고 할 수 있다.

어린 영혼들을 섬기고 복음을 전도하도록 사명을 받은 교사로서 과연 우리는 목자 없이 방황하고 지쳐 있는 어린 양들을 바라보며 아파하시던 주님의 애통함이 있는가?

교사를 아프게 하는 이유 6가지

나도 학교에서 학생들을 가르치고 있다. 같은 교사로서 교사를 아프게 하는 6가지 상황들을 소개하고자 한다.

첫째, 인간관계에 문제가 생길 때

사람은 관계가 좋아야 행복하다. 행복은 관계에서 출발하기 때문이다. 먼저 학생들과의 관계가 원만하지 못하면 교사는 아프다. 가르치는 것이 부담스럽고 행복하지 못하다. 거기다 학부모와의 관계에서 어려움이 발생하면 고통은 가중된다. 또한 교사들끼리 관계가 원만하지 못해도 힘들어진다. 마지막으로 교사와 교역자와의 관계가 힘들 때도 아프다.

> 그러므로 예물을 제단에 드리려다가 거기서 네 형제에게 원망들을 만한 일이 있는 것이 생각나거든 예물을 제단 앞에 두고 먼저 가서 형제와 화목하고 그 후에 와서 예물을 드리라 _마태복음 5:23-24

둘째, 탈진할 때

대부분의 교사들은 직장인이거나 전업 주부로서 일과 교사직을 겸하고 있다. 교사만 하는 것이 아니라 교회에서 준 직분에 따라 성가대 등 여러 사역들을 겸직하는 경우도 많다. 그러다 보니 1주일 내내 교사들은 바쁘고 초조하다. 직장과 가정에서 또 교회에서 영적으로나 육체적으로 시달릴 때 탈진을 경험한다.

셋째, 차별받을 때

교회에서 교회학교에 제대로 지원하지 않거나 무관

심할 때 교사는 서글프다. 일부 교회에서는 어린이 사역보다 어른 사역에만 관심과 지원을 쏟아 붓는 경우도 있다. 어른이든 아이든 똑같은 교회의 일원이요, 성도임에도 불구하고 지원과 관심에서 차별을 받을 때 교사의 사기는 꺾이게 된다.

넷째, 존경받지 못할 때

교사는 아이들의 무례나 무시에 아플 때도 있지만 존경을 받지 못할 때 진짜 아프다. 한국교원단체총연합회는 교사 3,271명에게 "스승의 날에 제자에게 듣고 싶은 말은 무엇입니까?"라는 설문을 하였는데, 1위가 '선생님 존경합니다'(28.2%), 그다음으로는 '선생님처럼 되고 싶어요'(26.8%)가 나왔다. 이처럼 교사는 학생들로부터 존경을 받고 싶어 한다. 학생들로부터 존경을 받을 때 교사는 기쁘다. 힘이 저절로 난다. 행복하다. 왜일까? 교사도 사람의 지지와 격려가 필요한 존재이기 때문이다.

다섯째, 열정이 식을 때

교사 초년생 때의 초심과 열정이 교사 경력이 늘어나면서 사람마다 정도의 차이는 있지만 가르치는 사역에 대한 권태감과 싫증이 생겨나기 시작한다. 심하면 신앙의 권태기, 영적 무기력증에 걸리는 경우도 발생한다. 이런 증상이 나타나면 뜨거웠던 열정도 사그라진다. 아이들을 가르치고 섬기기는커녕 다가가는 것조차 부담스럽게 느껴지면서 슬슬 짜증이 난다. 이럴 때 교사는 번민에 휩싸인다.

여섯째, 열매가 없을 때

최선을 다하여 열심히 복음을 가르치고 아이들을 섬겼는데 아이들은 신앙이나 삶에서 아무런 변화가 없을 때 교사는 절망한다. 교사를 계속하는 것이 좋은지, 그만두는 것이 좋은지 망설이게 된다. 자기의 능력과 한계를 재확인하고 싶어 한다. 전도를 열심히 했는데도 불구하고 성장하기는커녕 반이 점점 더 줄어 갈 때 교사의 마음은 너무 괴롭다. 급기야는 교회학교를 확

떠나고 싶은 생각이 든다.

 '나는 교사로서 많이 모자라는 것 같아? 함량 미달 교사는 아닐까?' 이런 내가 교사를 계속해도 되는 걸까?'

교사의 아픔은
교사의 사명이다

아픔은 사람을 더 성숙하게 만드는 원동력이다. 교사는 아픔을 통하여 교사의 사명을 감당할 수 능력을 갖게 된다. 아픔을 겪어 본 사람이 아픔을 공감하고 극복할 수 있다. 또한 교사의 아픔은 더 많이, 더 자주, 더 깊이 기도하게 만든다. 그래서 영적 무기력증으로부터, 탈진으로부터 벗어나게 만든다.

교사의 아픔은 신앙의 성숙과 인격의 완성을 가져다줄 뿐만 아니라 아이들에게도 엄청난 영향력을 끼쳐서 그들을 변화시킨다. 존경하고 사랑하는 선생님은 아픔과 극복을 통해 탄생하는 것이다. 이것이 교사의

아픔이 주는 유익이자 결과이며 자랑이다.

이 책을 읽는 교사들이여!
힘을 내자.
아이들 때문에 아파할 줄 아는 교사가 진짜 교사다.
여러분의 아픔이 결코 헛된 것이 아니다.
미래에 얻을 풍성한 열매를 소망하며 씨를 뿌리는 교사들이여, 하나님의 축복권을 소유한 자로서 기쁨으로 단을 거둘 것이다.
현재의 환난의 떡과 고난의 물 너머를 볼 수 있는 영적인 눈을 간구하자!

아파하는 교사에게 주는 잠언

별다를 것 없는 사람들이 교사에 의해 특별한 사람이 되는 과정을 보라. 교사란 최고의 직업이다. _작자 미상

교회학교 교사가 아파하는 이유(교사로서 힘들거나 마음이 상하는 일)가 있다면 다음 중 가장 큰 이유는 무엇이라고 생각하십니까?

문항	빈도	%
① 관계(학생들, 동료 교사들, 부모들과의 관계)가 좋지 않을 때	235명	37.1
② 학생들로부터 존경받지 못 할 때	43명	6.8
③ 과중한 교회 사역으로 인하여 탈진 했을 때	141명	22.2
④ 학생의 변화나 사역의 열매(부흥)가 없을 때	169명	26.7
⑤ 기타	10명	1.6

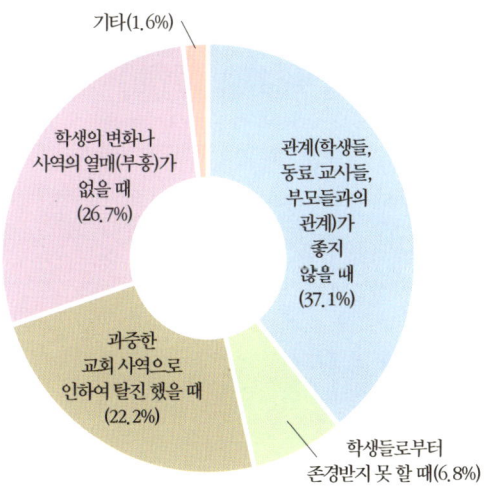

❖ 이 자료는 전국 교회학교 교사를 대상으로 2012년 8월 27일~9월 21일까지 저자가 직접 조사한 설문결과이다(참가한 교회학교 교사 : 634명).

하나님의 쪽지 요약 | 교사의 아픔 |

1. 교사는 아파하는 것이 당연하다.

    교사가 아파하는 것은 교사의 필수 코스다.
    아파하는 것은 나약하다는 것을 의미하는 것이 아니라
    더 강해지고자 하는 교사의 사명감에서 나오는 것이다.

2. 교사가 가장 아파해야 하는 것은 무엇일까?

    무리를 보시고 불쌍히 여기는 예수님의 마음으로
    아이들을 가르치고 사랑하는 것이다.

3. 교사를 아프게 하는 6가지 이유

    첫째, 관계에 문제가 있을 때
    둘째, 탈진할 때
    셋째, 차별받을 때
    넷째, 존경받지 못할 때
    다섯째, 열정이 식을 때
    여섯째, 열매가 없을 때

4. 교사의 아픔은 교사의 사명이다.

하나님의 쪽지 나눔 | 교사의 아픔 |

1. 나는 교사로서 만족하고 있는가? 아니면 불만족 하는가?

2. 나는 과연 어린 양들을 바라보며 아파하시던 주님의 애통하심으로 교사를 하고 있는가?

3. 나를 가장 아프게 만드는 것이 있다면, 그것은 무엇인가?

4. 나는 어떻게 교사의 아픔을 극복할 수 있을까?

함께 기도하기

아파하는 현실과 상황 가운데서도 예수님의 마음으로 아파하는 아이들을 품어 주고 사랑할 수 있는 더욱 성숙하고 지혜로운 교사가 되게 하옵소서.

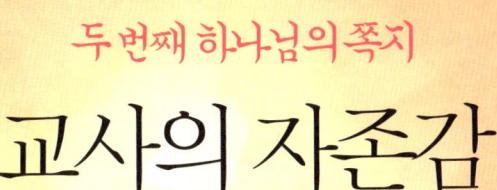

두 번째 하나님의 쪽지

교사의 자존감

아이들을 가르치는 선생은 단지 아이를 낳기만 한 부모보다도 더 큰 존경을 받을 수 있다. 부모는 단지 생명을 안겨 준 것뿐이지만 선생은 아이들의 훌륭한 생활을 위해 힘쓰기 때문이다. _**아리스토텔레스**

마땅히 행할 길을 아이에게 가르치라 그리하면 늙어도 그것을 떠나지 아니하리라 _**잠언 22:6**

그러나 교회에서 네가 남을 가르치기 위하여 깨달은 마음으로 다섯 마디 말을 하는 것이 일만 마디 방언으로 말하는 것보다 나으니라 _**고린도전서 14:19**

주일학교 교사 94%
"교사로서 자부심 느낀다."

다음은 2008년 9월 16일자 기독교보에 나온 기사 제목이다.[1] 신문의 내용을 요약하면 다음과 같다.

전국교사대회에 참석한 교사들을 대상으로 교사의 자부심에 관한 설문을 실시하였다. '주일학교 교사로서 자부심을 느끼는가?'라는 질문에 대해 50%가 '매우 자부심을 느낀다'고 대답했으며, 44%가 '자부심을 느낀다'고 대답했다. 그래서 응답한 94%의 교사들이 만족하고 있는 것

---

[1] 기독공보, '주일학교 교사 대상 설문조사', 자료 출처 사이트: http://www.lgodnews.net/news/articleView.html?idxno=20453

으로 나타났다. 반면 '자부심을 안 느낀다'는 대답이 2%, '보통'이라는 대답도 4%를 차지했다.

이 기사를 읽으면서 학교에서 대학생들을 가르치고 있는 교사로서 의구심이 발동하기 시작했다.

'와, 이 설문자료의 결과가 사실일까?' 이것이 사실이라면 우리 주일학교의 미래는 밝을 테니 교회학교 부흥을 기대해도 되지 않을까?

이 책을 읽고 있는 교사들과 나에게 이 질문을 던져본다.

"교사로서 자부심을 갖고 계십니까?"
"현재 교사 사역에 만족하고 계십니까?"

교사의 자존감 회복이
아이들의 자존감보다 먼저다

EBS '아이의 사생활' 제작팀이 진행한 자존감이 높은 아이와 자존감이 낮은 아이의 인터뷰를 하였다. "지금 행복한가요?"라는 제작팀의 질문에 자존감이 낮은 아이는 "아니요"라고 대답했다고 한다. 이들은 아이의 자존감을 키우기 위해서는 먼저 부모의 자존감부터 점검하고 스스로 잘할 수 있다는 자신감을 회복해야 한다고 주장하였다.

부모의 자존감 회복이 아이에게도 높은 자존감을 심어 줄 수 있다. 자존감이 높은 부모가 자존감이 높은 아이로 키울 수가 있는 것처럼, 교사의 자존감 회복이 주일학교 아이들의 자존감을 높여 주는 데 큰 영향을 끼칠 수 있다.

도대체 자존감이란 무엇일까?
나의 책 〈아파하는 청춘에게 주는 하나님의 쪽지〉에서는 자존감을 이렇게 정의하였다.

자존감이란
첫째, 자신의 가치를 잘 아는 것이다.
둘째, 자신을 존중하는 마음이다.
셋째, 자신을 누구보다도 사랑하는 것이다.
넷째, 건강한 자아상을 가지는 것이다.
다섯째, 행복한 인생의 열쇠다.

그러므로 자존감이 높은 교사는 자신의 가치를 알고, 자신을 사랑하고 존중하기 때문에 마찬가지로 아이들을 사랑하고 존중하는 마음으로 가르친다. 그리고 자신을 사랑하듯 아이들도 아끼고 사랑한다.

자존감이 높은 교사는 건강한 자아상을 갖고 있기에 긍정적인 사고와 적극적인 태도로 교사의 사역에 최선을 다한다. "나는 소중한 하나님의 사람이다. 나는 쓸모 있는 교사다. 나는 교사로서 만족하고 행복한 사람이다."라는 긍정적인 마음으로 다른 교사와 비교하지 않고, 아이들을 사랑하고 존중하면서 행복한 신앙생활을 누릴 수 있다.

교사의 자존감을 높이는 것이 아이들의 자존감을 높이는 것보다 선행되어야 하는 중요한 일이다.

교사의 높은 자존감 형성은 내가 가르치고 있는 아이들의 미래를 위해 반드시 필요하다. 그러므로 높은 자존감을 갖는 것은 이 시대 모든 교사들의 숙제라고 할 수 있다.

그렇다면 나는 어떤가? 나는 자존감이 높은 교사인가?

자존감 높은 교사의 특징 9가지

첫째, 자존감이 높은 교사는 자신에 대한 만족도가 높다.

자신의 환경, 얼굴, 키, 체중, 신체조건, 외모 등에 대부분 만족해한다. 그리고 자신의 반 아이들과 다른 반 아이들을 비교하거나 부러워하지도 않는다. 따라서 교사직을 즐겁게 수행할 뿐만 아니라 자신을 교사로 사용해 주신 하나님과 교회에 감사한 마음을 잊지 않는다.

둘째, 자존감이 높은 교사는 아이들에게 꿈을 준다.

자존감 높은 교사들은 자신만의 확실한 꿈을 가지

고 있고, 그 꿈을 이루기 위해서 준비 중이거나 꿈을 이뤄 나가는 사람이 많다. 따라서 가르치고 있는 아이들에게도 꿈을 갖도록 조언해 주거나, 꿈을 이룰 수 있도록 적절한 멘토로서 인도해 줄 수 있다.

셋째, 자존감이 높은 교사는 사명감이 강하다.

자존감 높은 교사는 자신의 만족도나 스펙을 위해서 사역하는 것이 아니라, 다른 사람의 유익과 아이들을 가르치고자 하는 열정으로 일한다.

넷째, 자존감이 높은 교사는 존경받는다.

교사는 아이들로부터 무시를 당하거나 존경을 받지 못할 때 괴로워하고 교사직을 떠나고 싶어 한다. 자존감이 높은 교사는 아이들에게 자신을 존경해 달라고 애걸하지 않고, 오히려 아이들을 먼저 존중해 준다. 아이들에게 존경을 받기보다는 아이들의 자존감을 세워 주고 인격을 존중해 주고자 노력한다.

자존감이 높은 교사는 높은 자리에 군림하거나 아래를 내려다보며 권위적인 명령만 내리는 사람이 아니라, 낮은 자리에서 아이들이 잘 올라가도록 등을 대주는 사람이다. 그러므로 자존감이 높은 교사는 아이들에게 존경심과 인기를 얻는다.

다섯째, 자존감이 높은 교사는 자신감이 있다.

나는 교사로서 약한 존재이지만, 내가 믿는 하나님은 강하시다. 자존감이 높은 교사는 하나님이 함께하시고, 나를 사랑해 주신다는 믿음이 강하므로 하나님의 자신감을 품은 인생을 살 수 있다. 나아가 하나님께 선택되어 사랑받고 보호받는다는 안정감과 자랑스러움 그리고 확신을 얻게 된다. 현재 학생들을 가르치고 있는 나의 경험에 따르면, 학생들은 자신감이 넘치는 교사를 좋아하고 잘 따른다.

여섯째, 자존감이 높은 교사는 열매가 있다.

자존감이 높은 교사는 사명감이 강하다. 그런 사람

일수록 대부분 열정이 넘친다. 열정의 사람은 풍성한 열매를 거둘 수 있다. 그러므로 자존감이 높은 사람은 사명감이 강하고, 열정의 사람이기에 사역의 열매들을 기대할 수 있다.

일곱째, 자존감이 높은 교사는 칭찬을 잘 한다.

자존감이 높은 교사는 자신을 사랑하고 존중할 뿐 아니라 타인도 사랑하고 존중하며 이해하는 자세를 지니고 있기 때문에, 가르치고 있는 아이들을 무시하거나 꾸중하기보다는 칭찬하고 격려하는 것을 더 좋아한다.

여덟째, 자존감이 높은 교사는 불평하지 않는다.

자존감이 낮은 사람은 하는 일이 꼬이거나 잘 안 풀리면 다른 사람 탓으로 돌리거나 주변의 환경을 탓하면서 불평을 늘어놓는다. 반대로 자존감이 높은 교사는 욕을 먹거나 어려운 상황에서도 주변 사람들이나 철없는 아이들의 탓으로 돌리기 전에 자신의 부족함을 탓한다. 그리고 주변 사람들에게 책임을 전가하거나 불평의 말을 하지 않는다.

아홉째, 자존감이 높은 교사는 비교하지 않는다.

교사는 대부분 자존심이 강하다. 자존심이 강하다는 것은 다른 사람에게 지는 것을 무척 싫어한다는 말이다. 그래서 교사는 타인과 비교의식이 심한 편이다. 그러나 주일학교 교사는 비교의 대상이 아니다. 교사의 부름을 받은 사람은 모두 소중한 하나님의 일꾼이기 때문이다. 그러므로 반 아이들의 숫자, 사역의 열매, 아이들의 변화 정도, 전도자의 수 등에 따라 교사를 평가해서는 안 된다. 교사에게 준 하나님의 달란트는 다르기 때문이다.

그러므로 절대로 다른 교사와 비교할 필요는 없다. 교사라는 직분은 하나같이 소중하기 때문에 누가 더 잘하고 못하고가 없다. 크든 작든 주어진 교사의 사역에 최선을 다하면 되는 것이다.

교사가 자존감이
높아야 하는 이유

교사는 다음 세대에게 꼭 필요하고 매우 중요한 역할을 하는 사람들이기 때문에 주님께서 부르신 일꾼이다. 목사와 똑같지는 않지만 교사도 목사의 직분과 역할을 일부분 감당하게 하셨다. 교사는 목사처럼 아이들의 영혼을 보살피고 하나님의 말씀을 가르치고, 기도하고, 복음을 전하는 역할을 위해 부름을 받았다.

하나님이 교회 중에 몇을 세우셨으니 첫째는 사도요 둘째는 선지자요 셋째는 교사요 _고린도전서 12:28

그가 어떤 사람은 사도로, 어떤 사람은 선지자로, 어떤 사람은 복음 전하는 자로, 어떤 사람은 목사와 교사로 삼으셨으니 이는 성도를 온전하게 하여 봉사의 일을 하게 하며 그리스도의 몸을 세우려 하심이라 _에베소서 4:11-12

누가 교사를 불러 직분을 맡기셨는가? 담임목사가, 교회학교 담당 전도사가, 부장집사가 당신을 교사로 부르고 세운 것이 아니라, 하나님께서 직접 부르고 세우셨다. 그리고 자랑스러운 교회학교 교사로 임명해 주셨다. 그러므로 당신은 교사로서 높은 자부심과 자존감을 가져도 된다. 이것은 교만과 다른 명예다.

자랑스러운 교사들이여!
당당하고 자신감 있게 교사의 일을 하자.
당신은 하나님의 부르심을 받았고, 하나님께서 세우셨고, 하나님이 지명하여 교사로 명하신 일꾼이기 때문이다.

기억하자.

교사가 살아야 아이들이 살 수 있음을.

교사의 자부심과 자존감이 높아야 아이들도 높은 자존감을 가지게 된다.

꼭 기억하자.

아이들이 살아야 교회가 살 수 있음을.

아이들이 없는 교회는 죽어가는 교회이다.

생명력이 있는 교회, 성장하는 교회, 건강한 교회는 아이들이 살아 있는 교회이다.

다시 한 번 명심하자.

아이들이 살기 위해서는 영적 자존감이 높은 교사가 필요하다는 사실을.

아파하는 교사에게 주는 잠언

교육의 비결은 학생들을 존중하는 것이다. _R. W. 에머슨

교회학교 교사로서 자존감이 어떤 편입니까?

문항	빈도	%
① 자존감이 매우 낮다	3명	0.5
② 자존감이 낮다	34명	5.4
③ 보통이다	263명	41.5
④ 자존감이 높다	276명	43.5
⑤ 자존감이 매우 높다	52명	8.2

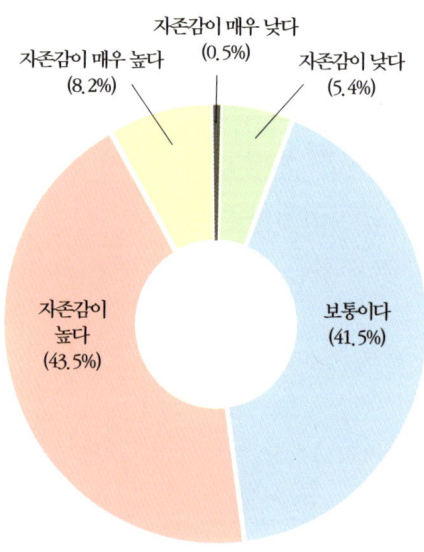

❖ 이 자료는 전국 교회학교 교사를 대상으로 2012년 8월 27일~9월 21일까지 저자가 직접 조사한 설문결과이다(참가한 교회학교 교사 : 634명).

하나님의 쪽지 요약 | 교사의 자존감 |

1. 교사의 자존감이 주일학교의 미래의 성패를 좌우한다.
2. 교사의 자존감 회복이 아이들의 자존감보다 먼저다.

   교사의 자존감이 아이들의 자존감의 성패를 좌우한다. 자존감이 높은 교사가 삶의 만족도도 높고 행복하다. 이런 교사가 아이들을 더욱 사랑하고 존중하며 교육한다.

3. 자존감이 높은 교사의 9가지 특징

   첫째, 자존감이 높은 교사는 자신에 대한 만족도가 높다.
   둘째, 자존감이 높은 교사는 아이들에게 꿈을 준다.
   셋째, 자존감이 높은 교사는 사명감이 강하다.
   넷째, 자존감이 높은 교사는 존경받는다.
   다섯째, 자존감이 높은 교사는 자신감이 있다.
   여섯째, 자존감이 높은 교사는 열매가 있다.
   일곱째, 자존감이 높은 교사는 칭찬을 잘 한다.
   여덟째, 자존감이 높은 교사는 불평하지 않는다.
   아홉째, 자존감이 높은 교사는 비교하지 않는다.

4. 교사가 자존감이 높아야 하는 이유는 하나님께서 부르셨고, 세우셨고, 지명하여 교사로 명하셨기 때문이다.

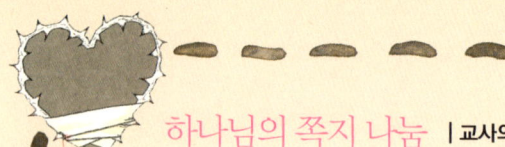

하나님의 쪽지 나눔 | 교사의 자존감 |

1. 나는 교사로서 자부심을 갖고 있는가?

   _____

2. 나는 교사로서 자존감이 높은 사람인가? 아니면 자존감이 낮은 사람인가?

   _____

3. 자존감이 높은 교사의 특징 9가지 중에서 내가 현재 갖고 있는 것과 더 갖추어야 할 것은 무엇인지 그리고 그 이유를 말해 보자.

   _____

함께 기도하기

하나님께서 부르시고 세워 주신 교사로서 영적 자존감이 높은 교사가 되게 하옵소서.

세 번째 하나님의 쪽지

교사의 조건

좋은 교사는 많이 배운 자가 아니라 하나님을 사랑하듯 아이들을 사랑하고 주께서 자신에게 주신 은사를 알고 그 은사를 어떻게 사용할 것인가를 생각하는 자이다. _엘머 타운즈

그가 어떤 사람은 사도로, 어떤 사람은 선지자로, 어떤 사람은 복음 전하는 자로, 어떤 사람은 목사와 교사로 삼으셨으니 이는 성도를 온전하게 하여 봉사의 일을 하게 하며 그리스도의 몸을 세우려 하심이라 _에베소서 4:11-12

"나는 장관은 부업이고 주일학교 교사가 본업입니다."

1889년 제23대 미국 대통령에 당선된 벤저민 해리슨은 존 워너메이커(백화점을 처음 만든 백화점 왕)를 체신부(우정) 장관으로 지목하면서 이런 요청을 했습니다.
"체신부 장관을 맡아서 당신의 탁월한 경영능력을 발휘해 주시면 좋겠소."
그러나 워너메이커는 이렇게 답변했습니다.
"저는 주일 성수와 주일학교 교사로 봉사하는 일을 무엇보다 소중하게 생각하고 있습니다. 그런데 장관직을 수

행하다 보면 그 일을 할 수 없을 것 같아서 사양하겠습니다. 하지만 어떤 일이 있어도 주일만은 제 고향 교회로 내려와 주일학교 일을 계속 도울 수 있게 해주신다면 장관직을 맡겠습니다."

그러자 해리슨 대통령은 주일 성수와 주일학교 교사 일을 계속할 수 있도록 해주겠다고 약속했고, 워너메이커는 그제야 체신부 장관직을 수락했습니다.

한번은 기자들이 그에게 물었습니다.

"장관직이 주일학교 교사직보다도 못하다고 생각하시는 겁니까?"

순간 그는 주저 없이 대답했습니다.

"장관직은 임기가 정해져 있으니 부업이라고 할 수 있지만 주일학교 교사직은 평생 동안 계속해야 할 일이어서 본업이라고 할 수 있기 때문이지요."

워너메이커는 기업의 회장과 체신부 장관을 겸했지만, 주일학교 학생들을 돌보는 일도 전혀 소홀히 하지 않았습니다. 그에게 가장 중요한 비즈니스는 바로 주일학교였습니다. 그는 열아홉 살부터 생을 마감하는 여든다섯

살까지 무려 67년이라는 세월을 한 주도 빠지지 않고 자신이 말한 본업, 즉 주일학교 교사로 충성을 다했습니다.

이채윤의 책 〈성경이 만든 부자들〉을 읽다가 큰 감동을 받은 예화를 인용했다.

당신은 교사의 자격, 교사의 조건이 무엇이라고 생각하는가? 어떤 사람이 교사를 할 수 있을까? 나와 아내는 같은 대학에서 같은 전공을 하였다. 전공이 상업교육학이었기 때문에 우리는 중등교사 자격증을 가지고 있고, 아내는 서울에 있는 특성화 고등학교에서 상업과목을 가르치는 교사다.

일반학교 교사가 되려면 교육대학교 혹은 사범대학교에서 4년간 교직과목 및 교생실습 과정 등을 통과한 후에야 교사자격증을 취득할 수 있다. 이 교사자격증을 취득해야만 학생들을 가르치는 교사의 자격을 얻을 수 있다.

그렇다면 교회학교 교사의 조건은 무엇일까? 어떤 자격을 갖추어야 할까? 혹시 교회학교 교사의 조건이 무진장 까다로운 것은 아닐까? 아니다. 일반학교 교사와 교회학교 교사의 자격 조건은 전혀 다르다. 일반학교 교사의 조건은 세상의 자격증을 요구하지만 교회학교 교사의 조건은 자격증을 요구하지 않는다. 교회학교 교사의 조건은 탁월하고 능력 있는 자격증 소지자를 원하는 것이 아니라, 앞에서 소개한 워너메이커와 같은 사람이면 된다. 그처럼 주일학교 교사직을 본업으로 생각하는 마음의 자세만 있으면 되는 것이다.

하나님께서 주신 교사직을 성실하고 묵묵히, 감사하는 마음으로 사역하고 계신 당신이 바로 하늘의 교사자격증을 소지한 교회학교의 진짜 교사다.

하나님께서 원하시는 교사의 조건

열심과 열정을 지닌 교사로 봉사하고 싶은 마음은 굴뚝같지만, 직장생활과 가사일로 바쁜 주변 여건과 상황들, 주일학교에는 지원과 격려가 없는 교회의 무관심, 잘 변화되지 않는 반 아이들의 태도와 신앙 상태 등을 가슴으로 아파하면서 그들을 사랑으로 품고 가는 교회학교 교사들에게 주는 하나님의 메시지는 무엇일까? 하나님께서 원하시는 교사의 조건은 무엇일까? 나는 이렇게 말씀드리고 싶다.

첫째, 냄비형 교사가 아닌 가마솥형 교사

나도 중고등부와 청년부 담당 전도사로 사역한 적이 있었다. 가장 고마운 선생님이 누구인지 아는가? 실력 있는 교사? 열정 있는 교사? 잘 가르치는 교사? 전도 잘 하는 교사? 기도 많이 하는 교사? 물론 다 중요하고 고마운 선생님의 모습이라고 생각한다. 하지만 정말 고마운 선생님은 주일 성수를 잘 하고 1년 내내 한 번도 빠지지 않고 끝까지 묵묵히 교사직을 해주시는 가마솥형 교사다. 이와 같이 교회학교는 교사직을 1년도 못 채우고 그만두는 교사, 주일 성수도 제대로 못하는 교사, 열정으로 일하다가 시험에 들어서 금방 열정이 식어버리는 냄비형 교사보다는 주일을 목숨처럼 지키고 주어신 교사직을 부업이 아니라 본업처럼 여기는 가마솥형 교사가 더 필요하다.

둘째, 가르치는 교사가 아닌 배우는 교사

잘 가르치는 교사가 되고 싶은가? 그럼 먼저 배우라. 배운 것이 있어야 가르칠 수 있다. 좋은 교사가 되기 위해서는 가르치기 전에 배우는 자세가 먼저다. 한자로 선생(先生)은 말 그대로 먼저 태어났다는 뜻이다. 물론 먼저 태어났다고 다 선생은 아닐 것이다. 어쩌다가 먼저 태어나서 세월만 더 보낸 사람이 아니라 세상의 지식과 지혜, 살아가는 방법, 신앙 등을 미리 배운 인격적인 사람을 선생이라고 할 수 있다. 우리는 자랑스러운 교사로서 진정한 선생이 되어야 한다. 선생의 본분은 앞서 배우는 사람이다. 그러므로 좋은 교사가 되기 위해서는 배우는 데 열심인 교사가 되어야 할 것이다.

교회학교 교사는 하나님의 말씀을 가르치는 사람이다. 먼저 하나님의 말씀을 잘 알아야 하고 열심히 성경을 배워야 한다. 알아야 가르칠 수 있기 때문이다. 그러므로 교사는 말씀을 배우고 가르치는 일 모두에 최선을 다해야 한다.

그럼 먼저 무엇을 배워야 하는가? 바로 하나님의 말

쏨 속에 있는 능력이다. 아이들을 변화시킬 수 있는 것은 교사의 능력이나 교회학교의 좋은 프로그램이 아니라 하나님의 말씀이기 때문이다. 교사는 성경을 가르치는 사람이기 전에 하나님의 능력이 담긴 말씀을 배우는 사람이어야 한다.

> 모든 성경은 하나님의 감동으로 된 것으로 교훈과 책망과 바르게 함과 의로 교육하기에 유익하니 이는 하나님의 사람으로 온전하게 하며 모든 선한 일을 행할 능력을 갖추게 하려 함이라 _디모데후서 3:16-17

교사는 하나님의 말씀을 잘 가르치는 일에 전력투구하는 사람이다. 또한 교사는 하나님의 말씀을 올바르게 분별하고 정확하게 연구하고 배워서 아이들에게 풀어서 가르치는 일에 마음을 쏟아야 하는 사람이다. 따라서 교사직은 그만큼 힘이 들고 때로 아픈 일도 생기지만 매우 보람 있는 사역이다.

내가 이를 때까지 읽는 것과 권하는 것과 가르치는 것에 전념하라 _디모데전서 4:13

너는 진리의 말씀을 옳게 분별하며 부끄러울 것이 없는 일꾼으로 인정된 자로 자신을 하나님 앞에 드리기를 힘쓰라 _디모데후서 2:15

셋째, 시키는 교사가 아닌 함께하는 교사

교사는 시키는 사람이 아니다. 교사는 아이들과 함께하는 사람이다. 예수님께서도 제자들과 늘 함께하셨다. 예수님의 교육방법은 제자들에게 "이것을 해보라, 저것을 해보라, 이렇게 해보라"고 지시하는 것이 아니었다. 그분은 제자들과 함께하시면서 동행수업을 직접 보여 주신 분이셨다.

저물 때에 예수께서 열두 제자와 함께 앉으셨더니 _마태복음 26:20

이에 예수께서 제자들과 함께 겟세마네라 하는 곳에 이르러 제자들에게 이르시되 내가 저기 가서 기도할 동안에 너희는 여기 앉아 있으라 하시고 _마태복음 26:36

일어나라 함께 가자 보라 나를 파는 자가 가까이 왔느니라 _마태복음 26:46

예수께서 제자들과 함께 바다로 물러가시니 갈릴리에서 큰 무리가 따르며 _마가복음 3:7

예수께서 따로 기도하실 때에 제자들이 주와 함께 있더니 물어 이르시되 무리가 나를 누구라고 하느냐 _누가복음 9:18

아이들은 내가 가르치는 것이 아니다. 교사는 예수님과 함께하는 사람이 되면 된다. 예수님과 함께하지 않는 교사는 자신의 방법대로 가르치는 강사일 뿐이다. 교사가 예수님과 함께하면 아이들도 예수님과 함께하는 법, 예수님과 동행하며 그분과 깊이 교제하는 삶을 교사의 본을 보고 배우게 된다.

교사는 아이들만 하라고 지시하고 시키는 사람이 아니라 예수님께서 제자들과 함께 지내시며 온전한 동행수업을 하신 것처럼 내 반 아이들과 함께 동행수업을 하는 사람이다.

넷째, 손을 잡아 주는 교사가 아닌 등을 대주는 교사

교사는 아이들이 낮은 곳에서 높은 곳으로 올라갈 때 손으로 잡아당겨 주는 사람이 아니다. 교사는 낮은 곳에서 높은 곳으로 올라갈 수 있도록 자신의 등을 대주는 사람이다. 엎드려 자신의 등을 대준다는 것은 겸손한 사람만이 할 수 있다. 겸손한 교사는 아이들의 손을 잡아당겨 주는 데서 끝나는 것이 아니라, 자신은 낮추고 아이들을 인격적으로 존중해 주는 사람이다.

아무 일에든지 다툼이나 허영으로 하지 말고 오직 겸손

한 마음으로 각각 자기보다 남을 낮게 여기고 _빌립보서 2:3

다섯째, 말로만 하는 것이 아닌 본을 보여 주는 교사

가정, 학교, 교회학교 그리고 사회의 공통적인 교육 문제점이 무엇이라고 생각하는가? 어른들이 아이들에게 본을 보여 주지 못하고 있다는 것이다. 아이들의 교육은 말로 되는 것이 아니라 행동으로 보여 주고, 삶과 인격으로도 보여 주어야 한다. 본을 보여 주는 교육이 말로만 하는 교육보다 효과가 더 크고 힘이 있어서 진정한 변화를 이끌어 낸다.

예수님의 교육방법은 무엇이었는가? 예수님은 제자들과 함께하시며 직접 본을 보여 주셨다. 제자들에게 보여 주신 교육은 실천하는 본이었다. 예수님께서는 가장 천한 신분의 사람만이 하는 제자들의 발을 씻어 주는 일까지 직접 하셨다. 그분은 그 일을 다른 사람에게 시키지 않으시고 손수 섬기는 본을 보이셨다.

내가 주와 또는 선생이 되어 너희 발을 씻었으니 너희도 서로 발을 씻어 주는 것이 옳으니라 내가 너희에게 행한 것 같이 너희도 행하게 하려 하여 본을 보였노라 _요한복음 13:14-15

내가 그리스도를 본받는 자가 된 것 같이 너희는 나를 본받는 자가 되라 _고린도전서 11:1

우리 학교에서는 1년에 한 번 채플시간에 교수들이 학생들의 발을 손수 씻어 주는 세족식을 한다. 나도 매년 이 행사에 참여하였다. 내가 학생들의 발을 씻어 줄 때 학생들은 미안해서 몸 둘 바를 몰라 하면서 고마워한다.

이 행사에 참여할 때마다 이런 생각이 들곤 한다.
'말로 하는 것보다 행동으로 직접 실천하고 본을 보여 주어야 존경받는 교수가 될 수 있구나.'

교사는 본을 보여 주는 사람이다. 물론 따라 하고 싶은 본보기가 된다는 것이 쉬운 일은 아니다. 그래서 더더욱 교사는 언행과 처신에 신중해야 한다.

여섯째, 지식을 주는 교사가 아닌 사랑을 주는 교사

가르치는 대학생들에게 이런 질문을 가끔 한다.

"자네들! 어떤 교수를 좋아하니? 어떤 교수를 존경하니?"

내 질문에 이들은 이렇게 대답해 준다.

"지식만 가르쳐 주는 교수보다는 우리를 인격으로 대해 주고 사랑해 주는 것이 느껴지는 교수입니다."

나는 이들의 말에 '아! 그렇구나. 나는 과연 이들의 마음에 어떤 스타일의 교수로 자리 잡아 가고 있을까?'라는 생각이 들면서 한편으로는 걱정도 되곤 한다.

교사가 사랑 없이 학생들을 가르친다는 것은 불가능하다. 불행히도 어느 날부터인가 학교나 교회학교에서 사랑이 식어가고 점차 냉랭해지고 있다. 교회학교가 일반학교들처럼 단순히 지식만 전달하는 곳으로, 점점 사랑이 시들어지는 곳으로 변하고 있다.

   단순한 지식은 아이들의 머리만 크게 만들 수 있다. 아이들을 변화시킬 수 있는 것은 지식이 아니라 예수님의 심정으로 아이들을 내 몸처럼 사랑하는 교사만이 할 수 있는 것이다.

   교사가 지치지 않으면서도 아이들을 끝까지 사랑으로 대할 수 있는 힘을 누구에게서 얻을 수 있을까? 바로 교사를 사랑해 주시고, 늘 격려해 주시는 예수님이시다. 예수님 때문에 가능하다. 예수님의 사랑을 공급받고 있기에 가능하다. 예수님의 사랑이 없다면 교사도 아이들에게 사랑을 줄 수 없다. 교사도 지치고 넘어진다. 그럼에도 불구하고 예수님의 위로와 변함없는 사랑 때문에 새 힘을 얻고 다시 일어날 수 있는 것이다.

   내 계명은 곧 내가 너희를 사랑한 것 같이 너희도 서로

사랑하라 하는 이것이니라 _요한복음 15:12

일곱째, 아이들의 변화를 요구하는 교사가 아닌 나부터 변화하는 교사

학생들이 싫어하는 교사는 어떤 타입일까? 나는 이 질문의 해답이 궁금했다. 그래서 간혹 친한 학생들에게 물어 보곤 했다.

"학생들이 싫어하는 교수는 어떤 교수니?"

"옛날 것만 그대로 가르치는 분들입니다."

아! 나는 이들의 솔직한 대답에 감사했다. 진짜 좋은 교사는 내가 먼저 변화되고, 아이들이 변화되길 기도하는 사람이다. 지금부터라도 문제가 발생하면 '아이들'이 아니라 '나'라는 생각을 하자. 아이들 탓이 아니라 교사 탓으로 돌리자. 아이들의 변화가 아니라 교사의 변화가 필요한 것이다.

어찌하여 형제의 눈 속에 있는 티는 보고 네 눈 속에 있

는 들보는 깨닫지 못하느냐 _마태복음 7:3

아파하는 교사에게 주는 잠언

가장 좋은 교사란 아이들과 함께 웃는 교사다.
가장 좋지 않은 교사란 아이들을 우습게 보는 교사다.
_ 알렉산더 서덜랜드 닐

좋은 교회학교 교사의 조건 중에서 가장 중요하게 생각하는 것은 무엇입니까?

문항	빈도	%
① 교사의 인격(성품)	204명	32.2
② 교사의 가르치는 능력	30명	4.7
③ 교사의 자존감	12명	1.9
④ 교사의 사명감	348명	54.9
⑤ 교사의 전도능력	6명	0.9
⑥ 기타	10명	1.6

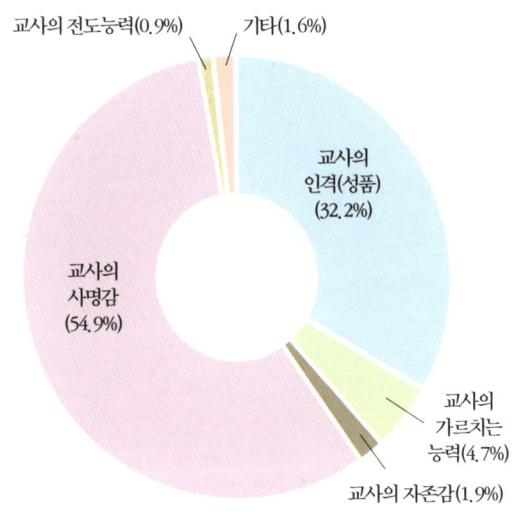

❖ 이 자료는 전국 교회학교 교사를 대상으로 2012년 8월 27일~9월 21일까지 저자가 직접 조사한 설문결과이다(참가한 교회학교 교사 : 634명).

하나님의 쪽지 요약 | 교사의 조건 |

1. 교사의 조건은 무엇일까?

교사의 조건은 탁월하고 능력있는 자격증 소지자가 아니라 교사직을 본업으로 생각하는 태도와 마음 자세를 갖춘 사람이다.

2. 하나님께서 원하시는 교사의 조건 7가지

첫째, 냄비형 교사가 아닌 가마솥형 교사
둘째, 가르치는 교사가 아닌 배우는 교사
셋째, 시키는 교사가 아닌 함께하는 교사
넷째, 손을 잡아 주는 교사가 아닌 등을 대주는 교사
다섯째, 말로만 하는 것이 아닌 본을 보여 주는 교사
여섯째, 지식을 주는 교사가 아닌 사랑을 주는 교사
일곱째, 아이들의 변화를 요구하는 교사가 아닌 나부터 변화하는 교사

하나님의 쪽지 나눔 | 교사의 조건 |

1. 나는 좋은 교사의 조건이 무엇이라고 생각하는가? 왜 그렇게 생각하는지 말해 보자.

2. 나는 아이들에게 입으로 하는 교사인가? 아니면 본을 보여 주는 교사인가?

3. 교사의 조건 7가지 중에서 내가 가장 부족한 것은 무엇인가? 왜 그렇게 생각하는지 말해 보자.

함께 기도하기

나는 아직도 교사의 조건이 부족한 사람입니다. 아이들에게 좋은 교사의 조건을 갖추고자 항상 노력하는 사람이 될 수 있도록 하옵소서.

네 번째 하나님의 쪽지

교사의 꿈(사명)

서툰 의사는 한 번에 한 사람을 해치지만, 서툰 교사는 130명을 해친다.
_보이어

그러나 교회에서 네가 남을 가르치기 위하여 깨달은 마음으로 다섯 마디 말을 하는 것이 일만 마디 방언으로 말하는 것보다 나으니라
_고린도전서 14:19

…… 전파히는 자가 없이 어찌 들으리유 보내심을 받지 아니하였으면 어찌 전파하리요 기록된 바 아름답도다 좋은 소식을 전하는 자들의 발이여 함과 같으니라 _로마서 10:14-15

나는 꿈꾸는 교사인가?

한 청소년 기관에서 우리나라 청소년들의 87%가 꿈이 없다고 발표한 적이 있다. 그렇다면 대학생이나 청년들은 어떠한가? 그들도 마찬가지였다. 알바천국이라는 포털 사이트에서는 20대 남녀 827명을 대상으로 꿈과 목표의식에 대한 조사를 실시하였는데, 절반에 가까운 47%의 20대가 "내가 무엇을 원하는지 모른다"라고 응답하였다고 한다.

이 얼마나 심각한 현실인가? 대한민국의 대학생들 중 절반 정도가 자신만의 꿈을 찾기 위해 노력은 고사하고,

자신이 무엇을 원하는지도 모른다고 하니 말이다.

교회학교의 많은 교사들이 이런 오해를 하곤 한다. '하나님을 믿는 아이들은 하나님께서 주신 꿈이 있겠지?' 이것은 단지 교사의 간절한 바람일 뿐이다.

그렇다면 왜 청소년과 청년들에게 확실한 꿈이 없는 것일까? 교사의 한 사람으로서 이 점이 몹시 궁금했다. 그래서 백석대학교 교수가 되어 4년 이상을 대학생과 그들의 꿈에 대한 연구를 하였고 그 결과 〈네가 어떤 꿈을 꾸든 꿈이 너를 이끌 것이다〉, 〈아파하는 청춘에게 주는 하나님의 쪽지〉라는 책을 출간하였다.

나는 강의 첫 시간에 꿈에 대한 특강을 하고 강의계획서에 따라 진도를 나간다. 나는 청소년과 청춘들의 꿈에 미친 교수다. 왜냐하면 그들에게는 꿈이 중요하기 때문이다. 꿈이 없는 사람은 망할 수밖에 없다. 이는 내 말이 아니라 성경의 원리이자 명령이다.

하나님께서 주신

묵시가 없으면 백성이 방자히 행하거니와 _잠언 29:18
Where there is no vision, the people perish _KJV

'묵시'는 꿈이다. '묵시가 없으면'은 곧 '꿈이 없으면'이라는 말이다. '백성이 방자히 행하거니와'라는 말씀을 영어 성경에서 보면 '백성은 망한다'라고 분명히 밝히고 있다. 즉 꿈이 없는 사람은 망한다는 뜻이다.

학생들에게만 꿈이 필요할까? 아니다. 꿈은 누구에게나 있어야 한다. 학생에게도, 교사에게도 꿈이 있어야 한다. 학생에게만 꿈을 꾸라고 할 것이 아니라 교사도 꿈꾸는 사람이어야 한다. 특히 하나님께서 주신 자신만의 꿈을 가져야 한다. 교사가 꿈이 있어야 꿈꾸는 학생들을 만들 수 있다. 이것이 성경적 원리다.

나는 꿈이 있는 교사일까? 아니면 꿈이 없는 교사일까? 이번 기회에 스스로 진지하게 질문해 보자.

너희 늙은이는 꿈을 꾸며 너희 젊은이는 이상을 볼 것이며 _요엘 2:28

Your old men will dream dreams, your young men will see visions _NIV

교사의 꿈은 사명이다

나는 교사의 꿈이 바로 교사의 사명이라고 생각한다. 그러므로 꿈이 없는 교사는 사명이 없는 교사다.

그렇다면 교사로서 나의 사명은 무엇인가? 교사는 어떤 사명을 가져야 하는가? 나는 교사로서 사명을 품고 지금 교사직을 맡고 있는가? 이 질문들은 나에게도 역시 해당된다. 이 질문은 이 책을 읽고 있는 교역자나 교사에게만 해당되는 것만은 아닐 것이다. 모든 부모와 영적 지도자, 조직의 리더들에게 꼭 필요한 질문이다. 이 세상의 모든 사람들은 자신만의 사명이 있어야 한다.

교사의 사명 5가지

교사의 사명을 공부하기 전에 '나는 왜 이 세상에 존재하는가?' '인간의 사명은 무엇인가'를 알고 배워야 한다. 왜냐하면 인간이 존재하는 이유와 사명을 아는 것이 교사가 존재하는 이유와 사명을 아는 것과 같기 때문이다.

첫째, 교사는 하나님의 영광을 위해 부름 받았다.
이 세상에 존재하는 모든 사람들은 하나님께 쓰임 받기 위해서 태어났다.

여호와께서 온갖 것을 그 쓰임에 적당하게 지으셨나니
_잠언 16:4

이는 '하나님은 모든 것을 하나님의 목적을 위해 만드셨다.'는 말씀이다. 모든 것은 그분을 위해서 존재하고 그분의 영광을 보여 주기 위한 것이다. 이것이 인간을 포함한 이 세상에 속한 모든 생명이 존재하는 이유다.

우리는 하나님께 귀하게 쓰임받기 위해서 태어났다. 그냥 적당하게 쓰임받기 위해서 태어난 것이 아니라 하나님의 영광을 높이고 알리기 위한 임무를 가지고 태어난 것이다.

하나님은 이 세상에 존재하는 모든 인간과 생명체를 하나님의 영광을 위해 창조하셨기 때문에 우리는 그분의 영광 없이는 존재할 수 없다.

이는 만물이 주에게서 나오고 주로 말미암고 주에게로

돌아감이라 그에게 영광이 세세에 있을지어다 아멘 _로마서 11:36

그들이 의의 나무 곧 여호와께서 심으신 그 영광을 나타낼 자라 일컬음을 받게 하려 하심이라 _이사야 61:3

하나님은 그분의 영광을 위해 인간을 강하고 영광스러운 의의 나무로 심으셨다. 따라서 교사는 하나님의 영광을 위해서 교사직을 감당해야 한다. 이것이 교사의 사명이다. 교사는 하나님의 영광을 위해서 하나님께 쓰임 받고 있는 존재다. 하나님의 영광이 빠진 교사의 헌신은 위험하다. 금방 열정이 식는다. 자기를 높이거나 알아주길 원한다. 그렇지 않으면 금세 불평과 불만이 터져 나온다. 나는 어떤 교사인가? 하나님께 영광 돌리기 위해서만 교사직을 감당하고 있는가? 아니면 사람들에게 칭찬받고 인정받기 위해서 교사직을 선택하였는가?

둘째, 교사는 선한 일을 위해 부름 받았다.

인간은 자원을 소비하기 위해서 태어난 것이 아니라 세상에 기여하기 위해서 태어났다. 기여한다는 것은 누군가를 위해 '선한 일'을 하는 것이다.

> 우리는 그가 만드신 바라 그리스도 예수 안에서 선한 일을 위하여 지으심을 받은 자니 이 일은 하나님이 전에 예비하사 우리로 그 가운데서 행하게 하려 하심이니라 _에베소서 2:10

성경은 우리가 그리스도 예수 안에서 선한 일을 위해서 태어났다고 말하고 있다. 여기서 선한 일이란 무엇일까? 선한 일은 바로 남을 섬기는 것이라고 생각한다. 누구를 섬기는 것일까? 가장 먼저 하나님을 섬기고 그다음은 사람들을 섬기는 것이다.

하나님을 잘 섬긴다는 것은 하나님이 우리를 만드신 목적대로 잘 살고 있다는 것을 의미한다. 우리는 하나님만을 섬기도록 창조된 존재기 때문이다.

교사는 아이들을 가르치는 사역을 하기 전에 하나님을 섬기는 사람이 되는 것이 먼저다. 하나님을 잘 섬기지 못하는 교사는 훌륭한 교사가 될 수 없다. 이것은 교사의 가장 기본적이고 필수적인 자격 조건이다.

하나님을 경외하고 그의 명령들을 지킬지어다 이것이 모든 사람의 본분이니라 _전도서 12:13

성경은 말한다. 교사로 우리를 부르시고 사명을 주신 것은 하나님의 목적을 이루기 위해서다. 우리는 하나님께서 주신 능력으로 나에게 맡겨 주신 아이들을 섬기고 도우며 가르칠 때 나를 교사로 부르신 그분의 목적을 이루고 있는 것이다.

하나님이 우리를 구원하사 거룩하신 소명으로 부르심은 우리의 행위대로 하심이 아니요 오직 자기의 뜻과 영원

전부터 그리스도 예수 안에서 우리에게 주신 은혜대로 하심이라 _디모데후서 1:9

마땅히 교사는 아이들을 섬기는 사람이 되어야 한다. 주님의 부름을 받아 사역하는 교사가 맡기신 아이들에게 그 마음을 쏟지 아니하고 삯꾼처럼 형식적으로 섬긴다면 둘 다 얼마나 불행하겠는가?

셋째, 교사는 하나님께 기쁨을 드리기 위해 부름 받았다.
교사는 자신의 만족이나 자랑, 기쁨이나 능력 발휘를 위해서 교사를 하는 것이 아니다. 교사는 오직 하나님의 기쁨을 위해 사역하는 사람이다. 하나님을 기쁘게 하는 것, 하나님의 목적을 위해 사역하는 것이 바로 교사의 사명이다.

여호와께서는 자기 백성을 기뻐하시며 _시편 149:4

교사는 예배를 인도하고 아이들에게 하나님의 말씀

을 가르치는 사람이기 전에 하나님께 기쁨을 드리는 진정한 예배자가 되어야 한다. 하나님과 사랑에 빠지는 것, 이것이 진정한 예배자의 모습일 것이다. 그렇다고 너무 거창하거나 실천하기 어려운 것을 교사의 사명으로 요구하는 것은 아니다. 단지 성도가 갖춰야 하는 기본적인 자세를 요구할 뿐이다.

교사는 하나님과 깊은 사랑의 교제를 나누고 하나님께 기쁨을 드리는 사람이 되어야 한다. 하나님께 기쁨을 드리는 교사가 아이들에게도 기쁨으로 섬기고 가르칠 수 있다. 하나님 안에서 기쁨이 없는 교사는 교사의 자리를 떠나는 것이 좋다. 기쁨이 없이는 사역도 기쁘지 않다. 기쁨을 회복하고 다시 교사를 시작하는 것이 교사의 도리라고 하겠다.

'지금 나는 하나님 때문에 기뻐하고 그분께 기쁨을 드리는 교사인가?' 한 번쯤 질문해 보자.

넷째, 교사는 목자(shepherd)로 부름 받았다.

교사는 나에게 맡겨 주신 아이들의 또 다른 목회자 역할의 '목자'로 부름 받은 사람이다. 목자는 본래 '목사'(pastor)에서 나왔다. 그래서 교사는 목사와 같이 양떼를 책임져야 하는 사명을 가지고 있다. 그러므로 교사를 반목회(半牧會)를 하는 사람이라고 부른다. 따라서 교사는 목회자의 심정으로 맡은 영혼들을 위해 목회를 해야 할 사명이 있기 때문에 목사처럼 좋은 본보기가 되어야 한다. 목사처럼 하나님의 말씀을 가르치고, 기도하고, 결석하는 아이들을 심방하며, 길을 잃고 방황하는 아이들을 찾아다녀야 한다.

사도행전 20장 28-30절이 교사의 사명과 역할에 대해서 잘 설명하고 있다. 이 말씀이 목사에게만 해당하는 것일까? 아니다. 이것은 작은 목자의 역할을 하는 교사에게 주는 하나님의 메시지다.

여러분은 자기를 위하여 또는 온 양떼를 위하여 삼가라

성령님이 그들 가운데 여러분을 감독자로 삼고 하나님이 자기 피로 사신 교회를 보살피게 하셨느니라 내가 떠난 후에 사나운 이리가 여러분에게 들어와서 그 양떼를 아끼지 아니하며 또한 여러분 중에서도 제자들을 끌어 자기를 따르게 하려고 어그러진 말을 하는 사람들이 일어날 줄을 내가 아노라 _사도행전 20:28-30

이 말씀을 묵상하며 주님께서 주신 교사의 사명과 책임을 간단하게 적어보자.

_____

_____

_____

_____

교사는 반목회를 담당하는 책임자로 부름 받은 소명자다. 막중한 책임감 없이는 감당할 수 없는 사역이기 때문에 교사는 교사로 부르신 소명(calling)에 불타는 사람이어야 한다.

　소명감이 분명한 교사는 쉽게 교사직을 포기하기 않는다. 열정이 쉽게 식지도 않는다. 왜일까? 부르심에 대한 소명이 그에게 힘과 열정을 주기 때문이다. 또한 소명이 분명한 교사는 자신을 교사로 임명한 목회자나 사역자 또는 부장집사나 교인들을 바라보고 일하는 것이 아니라 오직 자신을 부르신 하나님만을 바라보고 열정으로 교사직을 감당한다.

　교사여! 명심하자. 교사직은 분명한 소명으로부터 시작되는 것이다. 이 책을 통하여 각자의 소명을 회복하고 다시 한 번 돌아보길 바란다.

다섯째, 교사는 아이들의 롤모델로 부름 받았다.

너희 중에 있는 하나님의 양 무리를 치되 억지로 하지 말고 하나님의 뜻을 따라 자원함으로 하며 더러운 이득을 위하여 하지 말고 기꺼이 하며 맡은 자들에게 주장하는

자세를 하지 말고 양 무리의 본이 되라 _베드로전서 5:2-3

교사는 반 아이들의 리더다. 리더는 따르는 아이들을 잘 이끌어 가는 사람이다. 잘 이끌어 가려면 아이들의 신뢰와 존경을 받을 만한 모범을 보여 주어야 한다. 교사는 아이들이 닮고 싶은 롤모델이 되어야 한다.

아이들은 내 양이 아니라 하나님의 양이기 때문에 교사는 나에게 맡겨 주신 아이들을 내 마음대로 가르치거나 잘못 인도해서는 안 된다. 교사는 아이들을 하나님께로 잘 인도하기 위해서 성령의 지혜를 따라 말씀을 올바로 가르쳐야 하고 모범을 보여 주는 사람이 되어야 한다.

아파하는 교사에게 주는 잠언

완벽한 교사가 우리 앞에 있다. 위대한 교사이자 최고의 모범이신 예수 그리스도를 더 깊이 연구하자. _하워드 핸드릭스

지금 어떤 마음으로 교회학교 교사직을 하고 계십니까?

문항	빈도	%
① 지금 그만 하고 싶다	24명	3.8
② 아무 생각 없이	12명	1.9
③ 교회에서 봉사 생활을 해야 하니까	112명	17.7
④ 목회자나 부장집사의 권유로	53명	8.4
⑤ 사명감을 갖고 매우 기쁘게	347명	54.7
⑥ 기타	40명	6.3

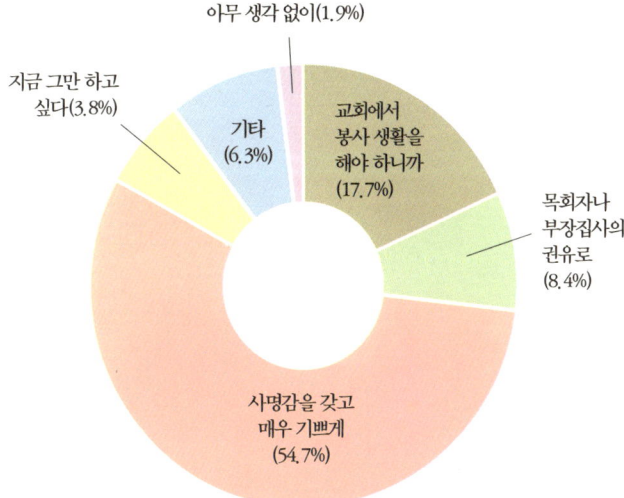

❖ 이 자료는 전국 교회학교 교사를 대상으로 2012년 8월 27일~9월 21일까지 저자가 직접 조사한 설문결과이다(참가한 교회학교 교사 : 634명).

교사로서 교회학교가 부흥하기 위해서는 무엇이 가장 필요하다고 생각하십니까?

문항	빈도	%
① 교사의 사명감	285명	45.0
② 교사의 인격(성품)	43명	6.8
③ 교사의 전도	29명	4.6
④ 교회학교 담당 교역자의 비전과 열정	174명	27.4
⑤ 담임목사의 관심과 교회의 지원	60명	9.5
⑥ 기타	19명	3.0

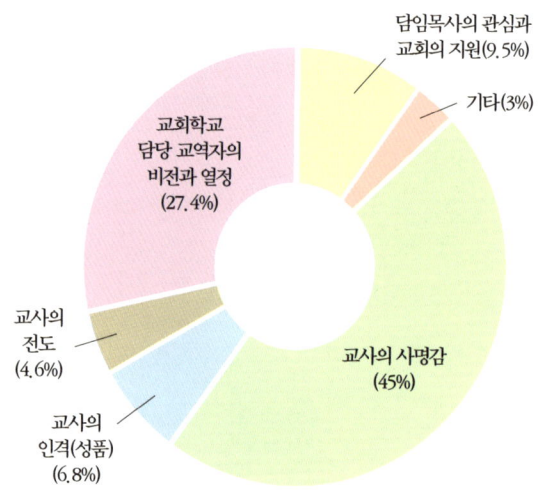

❖ 이 자료는 전국 교회학교 교사를 대상으로 2012년 8월 27일~9월 21일까지 저자가 직접 조사한 설문결과이다(참가한 교회학교 교사 : 634명).

하나님의 쪽지 요약 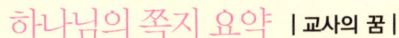 | 교사의 꿈 |

1. 나는 꿈꾸는 교사인가?

교사는 꿈을 아이들에게만 꾸라고 강요하는 사람이 아니라 자신도 자신만의 꿈을 하나님께로부터 받아야 한다. 이것이 성경적 꿈의 원리다.

2. 교사의 꿈은 사명이다.

꿈이 없는 교사는 교사의 사명을 상실한 사람이다.

3. 교사의 사명 5가지

첫째, 교사는 하나님의 영광을 위해 부름 받았다.
둘째, 교사는 선한 일을 위해 부름 받았다.
셋째, 교사는 하나님께 기쁨을 드리기 위해 부름 받았다.
넷째, 교사는 목자(shepherd)로 부름 받았다.
다섯째, 교사는 아이들의 롤모델로 부름 받았다.

하나님의 쪽지 나눔 | 교사의 꿈 |

1. '하나님께로 받은 나의 꿈은 무엇인가?'를 서로 나누어 보자.

   _____

   _____

2. 교사의 사명 5가지 중에 자신에게 부족한 것은 무엇이고, 왜 그렇게 생각하는가를 말해 보자.

   _____

   _____

3. 나는 교사로서 꿈과 사명이 있는 사람인가? 아니면 의무감으로 교사를 하는 사람인가?

   _____

   _____

함께 기도하기

하나님께 부름 받은 교사로서의 소명과 사명을 갖고 내 마음과 내 뜻대로 가르치는 것이 아니라 주님의 마음과 뜻대로 아이들을 열정으로 가르치는 사람이 되게 하옵소서.

다섯 번째 하나님의 쪽지
교사의 인격

영향을 미치고자 하는 사람들에게 신뢰를 받을 수 있는 것은 교사의 성품에 기반을 둔다. _신학교수 게리 브레드펠트

사람이 등불을 켜서 말 아래에 두지 아니하고 등경 위에 두나니 이러므로 집안 모든 사람에게 비치느니라 이같이 너희 빛이 사람 앞에 비치게 하여 그들로 너희 착한 행실을 보고 하늘에 계신 너희 아버지께 영광을 돌리게 하라 _ **마태복음 5:15-16**

인격에 대한 명언들

하나님께서는 고결한 인격을 가진 사람을 위대한 인물로 사용하신다. _미국 제3대 대통령 토마스 제퍼슨

인격은 최고의 재산이다. 가장 고결한 재산이다. 인격은 사람들이 높고 긍정적으로 평가하는 재산이다. 인격에 투자하는 사람들은 세속적인 의미의 부자는 되지 못하더라도, 존경과 명성이라는 응분의 보상을 받게 될 것이다. _〈인격론〉(사무엘 스마일즈, 21세기북스, 2005)

인격은 우리가 무엇을 했는가가 아니라 우리가 어떤 사

람인가에 달려 있다. _미국 윌로우크릭 교회의 빌 하이벨스 (Bill Hybels) 목사

인생을 지배하는 것은 재능이 아니라 인격이다. 운명을 결정하는 것이 인격이다. 인격 말고는 다른 아무것도 없다. _〈인격이 운명이다〉(존 맥케인 & 마크 솔터, 21세기북스, 2006)

사람들은 때로 인격과 명성을 혼동한다. 명성은 한 사람의 인상을 남이 마음대로 평하는 외부적 소리이지만 인격은 그 사람 안에 갖춘 마음의 자태이다. _에머슨

사람의 가치를 직접적으로 말해주는 것은 그의 소유나 혹은 그의 행동이 아니라 그의 인격이다. _헨리 이미엘

소유물이 결코 행복을 만들어 주지 못한다. 무엇보다 중요한 것은 사람의 됨됨이인 것이다. _시어도어 루빈

성공에 불가결하게 큰 도움이 되는 것은 인격이다. 인격

이란 순화된 습성, 훈련의 결과 및 신념을 말한다. 모든 인격은 유전, 환경 및 교육의 영향을 받는다. 그러나 이런 모든 것을 지니고 모든 사람이 자신의 인격을 개척하지 못한다면 그 사람은 숙명론자 즉 환경에 예속된 무책임한 존재가 되고 말 것이다. _헤밍웨이

진실한 리더는 군림하는 권위가 아니라 따뜻한 인격으로 조직과 사람을 움직인다. _메드트로닉 전 회장 윌리엄 조지

나는 기술적 역량의 부족 때문에 리더의 자리에서 물러나는 사람은 단 한 명도 보지 못했다. 그러나 도덕이나 인격의 부재 때문에 물러나는 사람들은 많이 보았다. _미국 리더십 권위자 워렌 베니스

인격은 흔들리지 않는 경쟁력이다. 경쟁력 있는 리더십은 인격에서 나온다. 지도자의 훌륭한 인격은 성공적인 경영의 필수적 조건이다. _〈인격의 힘〉(태드 개벌린 & 론 시몬스, 이지북, 2003)

인격의 영향

"돈을 잃은 사람은 조금 잃은 것이다. 건강을 잃은 사람은 많이 잃은 것이다. 인격을 잃은 사람은 다 잃은 것이다."

인격은 나의 모든 재산보다도 더 가치 있고 중요한 것이다. 하지만 정작 인격의 중요성과 영향에 대해 잘 아는 사람은 그리 많지 않다. 인격의 힘과 영향에 대해서 알아보자.

월간 〈목회와 신학〉이 1992년 6월에 발표한 비기독교 대학생들의 기독교에 대한 인식도 조사 결과를 소개하고 싶다. 비기독교 대학생들에게 "비기독교인과 비교할 때 정의감에 대한 기독교인의 자질은 어떠한가?"라는 질문을 하였다. 기독교인들이 비기독교인들보다 정의감에 있어서 좀 더 모범적이라고 보는 평가는 36.21%이고 별로 나을 것이 없다 또는 비슷하거나 오히려 못하다는 평가는 놀랍게도 52.16%나 되었다. 더 충격적인 것은 기독교인이 비기독교인에 비해 양심적인 부분에서 '월등히 낫다'거나 '조금 낫다'는 긍정적인 평가는 37.98%였고, '나을 바 없이 마찬가지거나 오히려 못하다'는 평가는 그보다 높은 48.2%나 되었다.

"기독교인은 성실하고 진실하며 양심적인가?"라는 질문에 대해서도 '매우 그렇다'와 '어느 정도 그렇다'는 응답은 27%였고, '보통이다'는 54%, '그렇지 않다'는 19%였다.

2006년 5월 26일 통계청에서 '2005년도 인구조사' 결과를 발표했을 때 1,200만 성도라고 생각했던 한국 교회의 교인 수는 876만 6,000명으로 파악되었고, 10년 전인 1996년에 비해 여타 종교는 교세가 성장한 반면 기독교인만 14만 4,000명(1.6%)이나 감소한 것으로 보고되었다(이상화, 〈청년들이 교회를 떠나는 33가지 이유〉, 브니엘, 2007, pp. 120-127 참조).

이 결과는 인격이 기독교의 이미지와 전도, 교회 성장에 얼마나 큰 영향력을 끼치는지를 보여 주는 중요한 예시라고 할 수 있다. 〈청년들이 교회를 떠나는 33가지 이유〉라는 책에서 교인들의 교회 안 행동과 교회 밖 행동이 너무 다르기 때문에 청년들이 교회를 떠난다고 했다. 이는 교인들의 위선이나 부족한 인격이 교회에 회의를 느끼게 하는 요인이라는 것을 말해 준다.

교회학교, 일반학교 그리고 대학에서 교사의 인격이 학생들에게 많은 영향력을 끼친다. 학생들은 교사를 좋아하거나 존경하면 공부도 열심히 하고 잘 따르는 경향이 있다. 특히 어린 학생일수록 더욱 그렇다.

학생들은 교사의 성품과 인격을 보고 자신의 롤모델로, 지도자로 삼을 것인지를 결정한다. 교사의 성품과 인격이 교회의 이미지와 교회학교의 성장에도 영향을 줄 뿐 아니라, 아이들의 인격과 성품을 바르게 형성하는 데도 영향을 끼친다. 더 나아가 아이들의 미래를 결정하는 중요한 요인이기도 하다.

교사의 인격이 교회학교의 전도지다.
교사의 이미지가 교회학교의 이미지다.
교사의 인격이 교회학교의 성장에도 영향을 준다.
교사의 인격이 아이들의 인격 형성에도 영향을 끼친다.

학생들이 좋아하는 교사 vs 싫어하는 교사

324명의 중고등학생들을 대상으로 "존경하는 선생님이 있나요?"라고 질문하였다. 그 결과 44.1%의 학생이 '예'라고 답하였고, '아니요'(52.8%), 무응답(3.1%)으로 나타났다. 반대로 "싫어하는 선생님이 있나요?"라는 질문에 대해서는 66.0%가 '예'라고 답하였다. _홍민기, 〈탱크목사 중고등부 혁명〉, 규장, 2003, 250쪽 참조

이 자료를 읽으면서 이런 생각을 하게 되었다.
'많은 교사들이 학생들에게 외면당하고 존경받지 못하고 있구나.'

'학생은 어떤 교사를 싫어하고 어떤 교사를 좋아할까?'
'나는 어떤 스타일의 교수일까?'

나는 이 질문에 대한 답이 궁금해져서 인터넷 검색을 하다가 소중한 자료를 발견하게 되었다. 아래의 자료를 교사들과 함께 나누고 싶다.

학생들이 좋아하는 교사 Vs 싫어하는 교사

출처 : (http://node02_01.tistory.com/100)

* 학생들이 좋아하는 교사

1. 공부에 도움을 주고 교과과정을 분명히 설명하고 실례를 들어 설명하는 선생님
2. 명랑하고 온유하고 유머 감각이 있는 선생님
3. 인간적이고도 친절하며 동료의식을 가진 선생님
4. 학생에게 관심을 기울이고 이해하는 선생님
5. 공부를 재미있게 가르치고 학습의욕을 돋구어 주고 분위기를 잘 조절하는 선생님

6. 공평무사하며 편애하지 않는 선생님

7. 잔소리가 심하지 않고 괴팍하거나 빈정거리거나 비꼬지 않는 선생님

* 학생들이 싫어하는 교사

1. 무뚝뚝하고 괴팍하고 빈정대고 화를 잘 내는 선생님
2. 계획 없이 가르치고 설명이 시원치 않은 선생님
3. 학생들을 불공평하게 다루고 편애하는 선생님
4. 거만하고 자만심이 강하고 건방진 선생님
5. 천박하고 아량이 없고 무례한 선생님
6. 학생의 감정을 돌보지 않고 무섭게 대하는 선생님
7. 학생에게 관심이 적은 선생님

이것이 교회학교와 무관한 자료일까? 오히려 많은 연관성이 있을 것이다. 교회학교 교사도 이 자료를 잘 참고한다면 학생들이 존경하고 따르는 목자가 될 수 있을 것이다.

나는 이 자료를 분석한 후 이런 결론을 내렸다. 학생들이 좋아하는 교사의 공통점은 바로 교사의 바른 인격과 연관성이 있다는 것이다. 또한 학생들이 좋아하는 교사상은 인간적이면서도 인격적인 사람이라는 것이다.

인격적인 교사의 특징 4가지

첫째, 칭찬해 주는 교사

또 누구든지 제자의 이름으로 이 작은 자 중 하나에게 냉수 한 그릇이라도 주는 자는 내가 진실로 너희에게 이르노니 그 사람이 결단코 상을 잃지 아니하리라 하시니라
_마태복음 10:42

아이들이 좋아하는 교사는 어떤 스타일일까? 바로 자기를 칭찬해 주는 교사를 가장 좋아한다. 교사의 칭찬을 싫어하는 학생은 이 세상에 존재하지 않는다. 교

사의 칭찬에는 한 아이의 인생을 바꿀 수 있는 힘이 담겨 있다. 〈아파하는 청춘에게 주는 하나님의 쪽지〉라는 나의 책에서 짧게 소개하고 싶다.

> 나폴레옹은 칭찬 덕분에 건강한 자아상을 갖게 되었고 후에 역사에 길이 남을 위대한 업적을 남겼다. 그가 프랑스 육군사관학교에 다닐 때의 일이다. 평소 나폴레옹을 눈 여겨 보았던 교장선생님이 어느 날 그를 이렇게 칭찬했다.
>
> "자네는 총명하고 참을성이 있구먼. 비록 프랑스의 식민지 사람이지만 장교로서 최고의 자질을 갖추고 있다네."
>
> 이 한마디 칭찬의 힘으로 나폴레옹은 150cm밖에 안 되는 작은 키를 넘어서는, 불가능을 모르는 사람이 될 수 있었다. 자신에게 긍정적인 칭찬의 말을 해보라. "나는 행복한 사람이다, 나는 충분히 사랑받고 있다, 나는 무엇이든 잘할 수 있다……."

말을 하려거든 남의 험담을 하지 말고, 다른 사람을 칭찬하는 유익한 말을 하십시오. 여러분의 말을 듣는 사람들이 도움을 받을 것입니다. _에베소서 4:2, 새번역

아이들은 자신을 칭찬하고 등을 두드려 주는 교사를 좋아하고 존경한다. 나는 자주 이렇게 하는 교사인가? 아니면 그 반대의 교사인가?

교사의 짧은 칭찬의 말은 아이들에게는 큰 꿈을 꾸게 만드는 촉매제가 된다. 그리고 높은 자존감의 아이들이 될 수 있도록 해준다. 지금부터라도 나의 반 아이들에게 이렇게 칭찬을 시작해 보자.

"너를 가장 좋아한단다."

"나는 너 때문에 기쁘단다."
"네가 우리 반이 된 것이 행복하단다."
"나는 너랑 함께 예배드릴 때가 참 좋단다."
"너는 커서 하나님께 크게 쓰임 받을 것 같구나."
"네 꿈은 멋지구나. 그 꿈은 반드시 이루어질 거야."
"선생님은 너를 믿는다."
"선생님은 너를 응원한단다."

둘째, 말보다 행동으로 보여 주는 교사

교사는 말로 가르치는 것이 아니라 아이들에게 행동으로 보여 주는 사람이다. 아이들에게 말로만 뭘 하라고 시키는 사람이 아니라 함께 하자고 설득하면서 실천으로 보여 주는 사람이 교사다.

"교사란 높은 곳에서 아래를 내려다보며 지시하는 사람이 아니라 낮은 곳에서 올라가도록 등을 대주는 사람이다. 최고의 교사인 예수님께서 그렇게 가르치셨고, 또 먼저 그렇게 행하셨다."_이재욱, 〈교사를 다시 일으켜 세우는

5가지 힘〉, 좋은씨앗, 104쪽

그는 근본 하나님의 본체시나 하나님과 동등됨을 취할 것으로 여기지 아니하시고 오히려 자기를 비워 종의 형체를 가지사 사람들과 같이 되셨고 사람의 모양으로 나타나사 자기를 낮추시고 죽기까지 복종하셨으니 곧 십자가에 죽으심이라 _빌립보서 2:6-8

교사로 아이들을 제대로 섬기려면 먼저 교사가 행동으로 본을 보여 주어야만 한다. 왜냐하면 예수님께서도 섬김의 본을 보이시기 위해 우리를 먼저 섬겨 주셨기 때문이다.

그러므로 교사는 이렇게 하라고 지시하는 사람이 아니다. 교사는 이렇게 하는 것이라고 먼저 행동으로 실천하는 행동형 사람이어야 한다.

셋째, 마음과 행함이 온유한 교사

온유한 자는 복이 있나니 그들이 땅을 기업으로 받을 것임이요 _마태복음 5:5

나는 마음이 온유하고 겸손하니 나의 멍에를 메고 내게 배우라 그리하면 너희 마음이 쉼을 얻으리니 _마태복음 11:29

온유한 사람은 차갑거나 딱딱하지 않고 따뜻하고 부드러운 성품을 소유한 사람이다. 상대방을 존중하고 배려하는 마음을 가진 사람이다.

그러므로 교사는 먼저 온유한 마음을 갖춘 사람이어야 한다. 교사는 자신의 뜻과 의지, 고집을 접고, 아이들의 의견과 결정도 인정하고 존중하는 마음이 있어야 한다.

온유한 교사는 행복하다. 행복한 교사가 아이들에

게도 행복을 줄 수 있다. 과연 나는 온유한 성품을 소유한 교사인가? 아니면 반대로 아이들에게 자주 화를 내고 그들을 이해하거나 용서하는 데 인색한 교사인가? 여기에 한번 점검해 보고 무엇이 문제인가를 적어 보자.

_____

_____

_____

넷째, 자신의 실수를 인정하는 교사

교사도 아이들을 가르치다 보면 때로 실수할 때가 있다. 자신의 실수가 두려운 것이 아니라 자신의 실수를 인정하지 못하는 것이 더 위험하다. 아이들은 자신의 실수를 인정하지 못하는 권위주의적 사고를 지닌 교사보다는 자신의 실수를 정하는 유연하고 인간미 넘치는 교사를 더 신뢰하고 존경한다.

내 형제들아 너희는 선생된 우리가 더 큰 심판을 받을 줄 알고 선생이 많이 되지 말라 우리가 다 실수가 많으니 만일 말에 실수가 없는 자라면 곧 온전한 사람이라 능히 온 몸도 굴레 씌우리라 _야고보서 3:1-2

아파하는 교사에게 주는 잠언

훌륭한 교사 한 명이 타락한 사람을 건실한 시민으로 바꿀 수 있다. _P. 윌리

교회학교 교사로서 가장 갖추어야 할 인격을 무엇이라고 생각하십니까?

문항	빈도	%
① 좋은 언어습관	49명	7.7
② 말보다는 행동으로 보여줌	255명	40.2
③ 마음과 행함이 온유함	242명	38.2
④ 자신의 실수를 인정함	14명	2.2
⑤ 감정을 통제함	29명	4.6

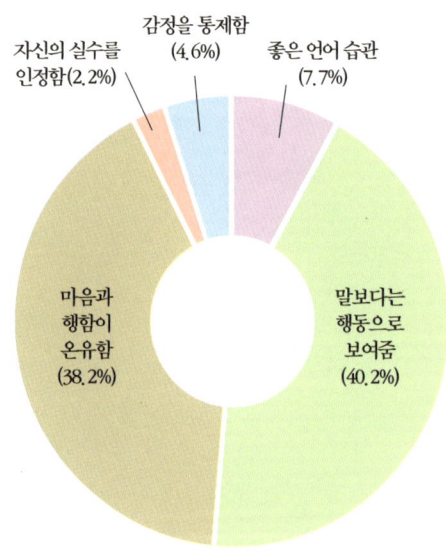

❖ 이 자료는 전국 교회학교 교사를 대상으로 2012년 8월 27일~9월 21일까지 저자가 직접 조사한 설문결과이다(참가한 교회학교 교사 : 634명).

교회학교 교사로서 학생들에게 존경받고 있다고 생각하십니까?

문항	빈도	%
① 전혀 존경받지 못한다	9명	1.4
② 존경받지 못한다	43명	6.8
③ 보통이다	387명	61.0
④ 존경받고 있다	163명	25.7
⑤ 매우 존경받고 있다	12명	1.9

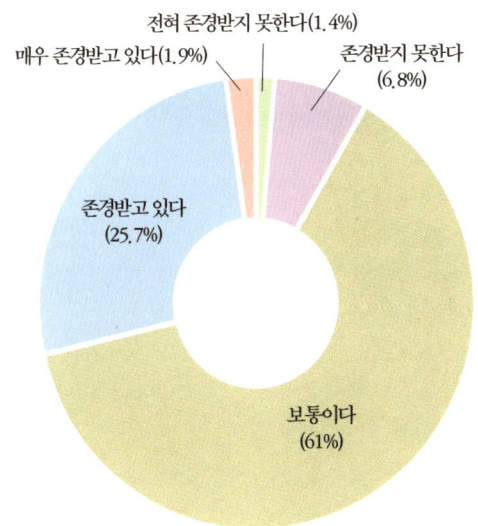

❖ 이 자료는 전국 교회학교 교사를 대상으로 2012년 8월 27일~9월 21일까지 저자가 직접 조사한 설문결과이다(참가한 교회학교 교사 : 634명).

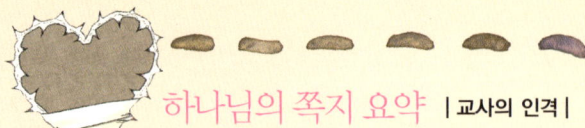

하나님의 쪽지 요약 | 교사의 인격 |

1. 인격에 대한 명언들
"하나님께서는 고결한 인격을 가진 사람을 위대한 인물로 사용하신다."

2. 인격이 미치는 영향
교사의 성품과 인격이 교회의 이미지와 교회학교의 성장에도 영향을 줄 뿐 아니라, 아이들의 인격과 성품을 바르게 형성하는 데도 영향을 끼친다. 더 나아가 아이들의 미래를 결정하는 중요한 요인이기도 하다.

3. 학생들이 좋아하는 교사 vs 싫어하는 교사
학생들이 좋아하는 교사의 공통점은 바로 교사의 인격과 연관성이 많다는 것이다. 학생들이 좋아하는 교사상은 인간적이면서도 인격적인 사람이다.

4. 인격적인 교사의 특징 4가지
첫째, 칭찬해 주는 교사
둘째, 말보다 행동으로 보여 주는 교사
셋째, 마음과 행함이 온유한 교사
넷째, 자신의 실수를 인정하는 교사

하나님의 쪽지 나눔 | 교사의 인격 |

1. 나는 인격적으로 내 반 아이들을 가르치고 있는가?

2. 나는 인격적인 교사의 특징 4가지 중에서 어떤 점이 부족한가?

3. 아이들이 좋아하는 교사가 되기 위해서는 어떻게 해야 하는가를 서로 말해 보자.

함께 기도하기

아이들이 존경하고 좋아하는 교사가 되게 하옵소서. 나의 변화된 인격을 보고 반 아이들도 좋은 성품을 갖춘 인격적인 사람이 되게 하옵소서.

여섯 번째 하나님의 쪽지

교사의 기도

학생들에게 기도하는 법을 가르치는 것보다 더 좋은 교육은 존재하지 않는다. _**한만오**

기도는 학생들을 변하게 하는 것이 아니라 교사 자신을 변하게 하는 강력한 힘이다. _**한만오**

교사의 기도는 교회학교 성장의 원동력이다. _**한만오**

아이들과 함께 나누고 싶은 기도에 대한 명언들

기도는 사랑하는 이의 주의를 끌기 위해 하늘의 창문에 던지는 작은 조약돌이다. _R. S. 토머스

기도란 모든 이들이 체험하는 지극한 행복과 끔찍한 고통, 초자연적인 권능과 서정적인 친밀감들에 인간이 보이는 특별한 반응이다. _패트리샤 햄플

교회가 필요로 하는 것은 성령이 쓰실 수 있는 사람, 즉 기도의 사람, 기도에 능한 사람이다. _T. M. 바운즈(기도의 성자)

기도가 없는 설교는 생명이 없는 설교다. 기도하지 않는 설교자는 생명이 아니라 사망을 만들어 낸다. 기도가 약한 설교자는 생명을 주는 힘도 약하다. _E. M. 바운즈

헌신 없이 참된 기도가 있을 수 없고, 기도 없이 참된 헌신이 있을 수 없다. _E. M. 바운즈

기도하지 않는 사람들은 승리케 하시는 하나님의 능력으로부터 스스로를 단절시킨다. 기도는 승리케 하시는 하나님의 능력의 창고를 여는 열쇠이다. _빌 하이벨스 목사

기도가 멈추거나 식어 버리는 한 가지 이유는 우리가 너무 평안하기 때문이다. 이것이 인간의 본성이다. _빌 하이벨스

싸움터에 나갈 때는 한 번 기도하라. 바다에 나갈 때는 두 번 기도하라. 그리고 결혼할 때는 세 번 기도하라. _러시아 속담

기도하지 않고 성공했다면 성공한 그것 때문에 망한다. _찰스 스펄전 목사

옷을 만드는 것은 재단사의 일이고 구두를 수선하는 것은 구두장이의 일이고 기도하는 것은 그리스도인의 일이다. _저자 미상

어려운 환경에서 기도하고 싶은 마음마저 없다면 우리는 짐승만도 못한 사람들이 아닐 수 없다. _칼뱅

기도는 영혼의 피다. _조지 허비트

기도는 어둠 속에서 하나님을 볼 수 있는 거울이다. _저자 미상

기도는 아침의 열쇠요, 저녁의 자물쇠다. _빌리 그레이엄 목사

무릎을 꿇은 그리스도인은 발돋움을 한 천문학자보다 더 멀리 본다. _토플레디

겸손은 기도의 가장 중요한 조력자다. _테레사 수녀

할 수 없을 만큼이 아니라 할 수 있는 만큼 기도하라. _돔 채프만

은밀하고 열심 있는 믿음의 기도는 모든 개인적인 경건의 뿌리가 된다. _윌리엄 캐리 선교사

기도는 영혼을 던져 넣는 내적인 사랑의 욕실이다. _성 존 비엔니

세상을 구원하는 것은 다름 아닌 고난의 기도다. _성 마리아

교사의 기도는 강하다

세상에서 가장 강한 교사는 기도하는 교사다. 기도하는 교사는 맡겨진 어린 영혼들을 쉽게 버리거나 포기하지 않는다. 기도하는 교사는 교회의 지원, 교사에 대한 배려와 관심도, 교회학교 사역자나 부장집사의 격려와 칭찬, 교사 간의 갈등, 실망스러운 여러 상황과 여건 때문에 교사직을 그만두지 않는다. 기도하지 않는 교사는 약하지만 기도하는 교사는 강하기 때문이다.

교사의 기도는 하나님의 마음을 움직이게 하는 힘

이 있다. 기도하는 교사의 손에는 하나님의 무한한 하늘의 보물 창고를 여는 열쇠가 쥐어져 있다. 그래서 기도하는 교사는 모든 것이 가능하다. 히스기야의 기도처럼 하나님의 마음을 바꿔 놓을 수도 있다.

> 그때에 히스기야가 병들어 죽게 되니 …… 히스기야가 얼굴을 벽으로 향하고 여호와께 기도하여 …… 히스기야가 심히 통곡하니 …… 내가 네 기도를 들었고 네 눈물을 보았노라 내가 네 수한에 십오 년을 더하고 _이사야 38:1-5

교사가 기도로 하나님께 나아갈 때 모든 불가능한 일을 가능케 하는 놀라운 능력이 펼쳐진다. 교사는 기도를 통해서 능력을 얻고 아이들을 가르치는 특권을 가질 수 있다. 교사의 특권은 기도에 응답하시는 하나님께서 주신 것이다.

기도는 그리스도의 능력을 붙잡는 손이다. 그래서 사탄은 기도하는 교사를 가장 싫어하고 두려워한다.

기도는 이 세상의 어떤 힘보다 강하기 때문이다. 기도는 강력한 무기다. 강력한 하나님의 손을 움직이게 하여 그분의 크신 도움을 적절하게 공급받을 수 있기 때문이다.

기도하는 교사는 자아를 낮추는 사람이다. 기도하는 교사는 사람을 신뢰하거나 의지하지 않고 하나님을 전적으로 신뢰하고 의지한다. 그러므로 하나님은 기도하는 교사를 강하게 하시고 더욱 높여 주신다.

> 여호와께 피하는 것이 사람을 신뢰하는 것보다 나으며
> 여호와께 피하는 것이 고관들을 신뢰하는 것보다 낫도다
> _시편 118:8-9

> 누구든지 자기를 높이는 자는 낮아지고 누구든지 자기를
> 낮추는 자는 높아지리라 _마태복음 23:12

> 기도는 자기를 낮추는 일이다. 그것은 인간의 지성과 자

존심을 부끄럽게 하고, 헛된 영광을 십자가에 못 박고, 영적 타락을 경고해 준다. _E. M. 바운즈

교사의 기도는 그 어떤 사역보다도 중요하다. 교사의 기도는 교사의 사역을 이끌어 가는 가장 강력한 동력이자 도움의 원천이기 때문이다. 반대로 기도하지 않는 교사는 성공한 듯 보이나 실패한 것이다.

가르침의 시작은 기도

교사가 기도로 준비하는 것은 분반 공부를 축복해 달라고 하나님께 요청하는 것이다. 아이들을 만나기 전과 가르치기 전에 기도하라고 엘머 타운즈 박사는 〈주일학교 교사가 꼭 알아야 할 24가지 비결〉에서 이렇게 조언하고 있다.

첫째, 교사가 주님의 가르침을 잘 전할 수 있게 해달라고 기도하라.
둘째, 성령님께서 역사하시는 가르침에 따라 사역하는 교사가 되기를 기도하라.

셋째, 학과(분반 공부)를 준비할 때 성령께서 인도해 달라고 기도하라.
넷째, 하나님께서 맡겨 주신 반 아이들을 위해 기도하라.
다섯째, 가르치는 반 아이들의 성장을 위해 기도하라.

교사의 역할은 위대하다. 위대한 교사의 사역에 풍성한 열매를 맺게 만드는 것은 바로 하나님 앞에 기도하는 교사의 무릎이다. 기도는 부족한 교사의 능력을 잡아 주는 강한 손이다.

교사는 성령님의 능력으로 사역하는 사람이다. 그러면 교사는 성령님의 능력을 어떻게 얻을 수 있을까? 예수님께서도 공적인 사역과 교육을 시작하기 전에 기도로 준비하셨다. 그 결과 예수님께서는 성령 충만과 성령님의 기름 부으심을 받으셨다.

예수께서 성령의 충만함을 입어 요단강에서 돌아오사 광야에서 사십 일 동안 성령에게 이끌리시며 _누가복음 4:1

교사의 기도야말로 성령님의 능력을 힘입는 비결이다. 교사의 교육을 더 힘 있고 능력 있게 만드는 것은 바로 교사의 기도다. 새로운 아이들의 영혼을 잡을 수 있고, 그 영혼을 일깨우게 만드는 것도 바로 교사의 기도에서 시작된다. 하나님 앞에 교사가 무릎을 꿇을 때 더 강력한 성령님의 능력으로 무장된다. 기도 외에 다른 것으로는 성령님의 능력을 받을 수 없다. 그러므로 기도하는 교사는 성령님의 능력을 힘입어 불가능한 사역도, 전도 못할 아이도, 섬기지 못할 아이도 없을 것이다.

> 집에 들어가시매 제자들이 조용히 문자오되 우리는 어찌하여 능히 그 귀신을 쫓아내지 못하였나이까 이르시되 기도 외에 다른 것으로는 이런 종류가 나갈 수 없느니라 하시니라 _마가복음 9:28-29

기도의 사람, 교사들이여!
기도는 성령님의 가르침을 알게 해준다. 그래서 기

도로 가르치면 아이들은 반드시 변한다. 이것이 성경적 교육 원리다.

> "제이 애덤스는 크리스천 교사나 행정가들은 개인적인 경건의 시간을 제외하고는 가르치는 일에서나 배우는 일에서 성령님과 그분의 역사하심에 거의 의존하지 않는다." _김인환, 〈교사들이여, 절대로 가르치지 마라〉, 두란노, 38쪽 참조

교사는 주변의 환경이나 여건, 특별한 프로그램이나 타인의 교수법 등을 의지하는 사람이 아니라, 기도를 의지하는 사람이 되어야 한다. 교사는 오직 성령님의 능력과 인도하심만을 의존하는 기도의 사람이 되어야 한다.

> 우리가 이것을 말하거니와 사람의 지혜가 가르친 말로 아니하고 오직 성령께서 가르치신 것으로 하니 영적인 일은 영적인 것으로 분별하느니라 _고린도전서 2:13

기도는 보이지 않는 섬김이다

나는 교회학교 교사들에게 이런 질문을 한 적이 있었다.

"교사로서 가장 힘든 일이 무엇입니까?"

그들은 "교사로 가장 힘든 것은 기도입니다. 그다음은 아이들이 변화되지 않는 것을 지켜보는 것이 가장 큰 고통입니다."라고 말해 주었다.

교사는 어린 영혼의 아픔을 돌보는 사람이다. 아이들의 아픔을 모르고 교사직을 할 수는 없을 것이다. 변화되지 않는 아이들을 지켜보는 아픔이나 자괴감은 말할 수 없이 괴로울 것이다. 자신의 힘이나 능력으로 할 수 없을 때, 교사가 아이들에게 해줄 수 있는 것이 없다고 한계를 느낄 때마다 교사가 할 수 있는 것은 기도뿐이다. 교사가 주일날 아이들을 섬기는 일은 교사의 사역 중에서 극히 일부분일 뿐이다. 진짜 교사의 섬김은 주중에 어린 영혼들을 위해서 하나님께 기도하는 것이다. 기도는 다른 사람이 대신 해줄 수 없는 하나님께 부름 받은 교사의 의무이자 특권이다.

교사의 기도는 보이지 않은 섬김이다. 이 보이지 않은 섬김의 기도가 아이들의 아픔을 치유해 주고 변화되지 않을 것 같은 아이들도 차츰 변화시킨다. 기도만이 사역에 지친 교사의 아픔을 위로해 줄 수 있다.

자신을 위해 기도하는 교사가 되라

교사는 먼저 누구를 위해 기도해야 하는가? 대부분의 교사들은 아이들을 위해 기도하는 것이 먼저라고 말한다. 하지만 나는 이 말에 공감하지 않는다.

교사는 교사 자신을 위한 기도를 먼저 하는 것이 좋다고 생각한다. 왜냐하면 교사가 양떼를 잘 인도하고 가르치고 섬기기 위해서는 자신부터 영적으로 살아 있어야 하기 때문이다.

그럼 자신을 위해서 어떻게 기도하는 것이 좋을까?

첫째, 먼저 거룩하지 못한 자신을 위해 기도하라. 죄를 고백하는 기도를 드리는 것이다.

주의 얼굴을 내 죄에서 돌이키시고 내 모든 죄악을 지워 주소서 하나님이여 내 속에 정한 마음을 창조하시고 내 안에 정직한 영을 새롭게 하소서 _시편 51:9-10

둘째, 교사의 사명을 잘 감당할 수 있는 능력을 구하는 기도를 하라.

셋째, 큰 믿음을 가진 교사가 되길 기도하라.

그러므로 내가 너희에게 말하노니 무엇이든지 기도하고 구하는 것은 받은 줄로 믿으라 그리하면 너희에게 그대로 되리라 _마가복음 11:24

넷째, 선한 목자의 심정을 구하는 기도를 하라.

나는 선한 목자라 선한 목자는 양들을 위하여 목숨을 버리거니와 삯꾼은 목자가 아니요 양도 제 양이 아니라 이리가 오는 것을 보면 양을 버리고 달아나나니 이리가 양을 물어 가고 또 헤치느니라 _요한복음 10:11-12

다섯째, 가르치는 능력을 구하는 기도를 하라.
교사는 가르치는 사람이므로 말씀을 잘 가르칠 수 있는 능력을 구해야 한다. 교사가 먼저 준비해야 할 것은 공과 책을 미리 공부하는 것이 아니라 성령님의 가르침을 기대하는 기도를 하나님께 드리는 것이다.

우리가 이것을 말하거니와 사람의 지혜가 가르친 말로 아니하고 오직 성령께서 가르치신 것으로 하니 영적인 일은 영적인 것으로 분별하느니라 _고린도전서 2:13

기도는 분별력을 주며, 지혜를 주며, 지성을 넓혀 주며 강하게 해준다. 골방은 설교자(교사)에게 완벽한 교사요 교실이다. 생각은 기도를 통해서 밝아지며 명료해질 뿐 아

니라 참된 생각은 기도에서 비롯된다. _E. M. 바운즈, 〈기도의 능력〉, 생명의 말씀사, 84쪽

여섯째, 동역자를 위해 기도하라.

이에 제자들에게 이르시되 추수할 것은 많되 일꾼이 적으니 그러므로 추수하는 주인에게 청하여 추수할 일꾼들을 보내 주소서 하라 하시니라 _마태복음 9:37-38

교사가 기도 못하는 이유

교사의 사역에서 기도가 중요하다는 것을 모르는 교사는 없을 것이다. 그렇다면 교사들이 기도하지 못하는 이유는 무엇일까?

첫째, 분주하기 때문이다.

대부분의 교사들은 교회 밖에서 직업이나 가정에 충실해야 하고 교회 안에서도 여러 가지 교회 직분들을 겸직하고 있다. 그들은 교회에서 사역하는 그 누구보다도 더 열심히 일하고 순종하며 섬긴다. 때로는 거절하지 못해서 교회 사역을 중첩해서 감당하느라 분주하고 바쁘다. 바쁜 세상일과 1인 다역의 교회 사역이 교사들을 정신없이 만든다.

그러므로 교사는 너무 많은 교회 사역을 정리할 필요가 있다. 교회마다 사정이 다르기 때문에 딱 잘라서 말할 수는 없지만, 나는 가능하면 교사 외에 다른 사역은 내려놓고 교사직만 하라고 권하고 싶은 심정이다.

둘째, 피로하기 때문이다.

현대인들의 특징 중에 하나가 만성 피로에 젖어 있다는 것이다. 교사는 주중에는 사회에서 열심히 자신의 일을 하고 주일에는 교사로 하루 종일 일한다. 당연히 몸이 지칠 수밖에 없다. 예수님께서도 제자들에게 시험에 들지 않도록 깨어 기도하라고 당부하셨다. 하지만 예수님의 제자들도 기도하지 못하고 잠들었지 않은가? 쌓인 피로와 쏟아지는 잠을 이기는 장사는 없을 것이다.

시험에 들지 않게 깨어 기도하라 마음에는 원이로되 육신이 약하도다 하시고 _마태복음 26:41

예수님께서는 "이제는 자고 쉬라"고 피곤에 지쳐 잠을 자는 제자들에게 말씀하셨다. 그러므로 가능하다면 교사도 분주하고 피곤하게 만드는 일들을 제거하는 노력이 필요하다. 또한 주일 전날에는 한적한 곳에서 쉬는 시간도 가져야 한다. 조용히 쉬면서 기도하는 시간은 교사에게 새 힘을 공급하기 때문이다.

이에 제자들에게 오사 이르시되 이제는 자고 쉬라 _마태복음 26:45

셋째, 기도의 가치를 모르기 때문이다.

교사가 기도를 못하는 이유는 기도의 진정한 가치를 모르기 때문이다. 기도의 가치를 경험해 보지 못해서 기도를 서둘러 해치우고 싶어 한다. 기도의 자리를 빨리 떠나고 싶어 한다. 다니엘은 기도의 가치를 생명보다 더 귀하게 여겨서 기도를 습관처럼, 밥 먹듯이 하였다.

> 다니엘이 이 조서에 왕의 도장이 찍힌 것을 알고도 자기 집에 돌아가서는 윗방에 올라가 예루살렘으로 향한 창문을 열고 전에 하던 대로 하루 세 번씩 무릎을 꿇고 기도하며 그의 하나님께 감사하였더라 _다니엘 6:10

기도는 다니엘처럼 특정한 사람에게만 주는 타고난 달란트가 아니다. 기도는 진정한 기도의 가치를 아는 그리스도인에게 주는 하나님의 소중한 선물이자 축복이다.

기도하는 교사들이여!
진정한 기도의 가치를 아는 교사인가?
만약 여러분이 진정한 기도의 가치를 아는 교사라면 이미 성공한 교사다.

우리 모두는 위대한 교사가 될 수 있다.

위대한 교사는 기도하는 교사다.

기도하는 교사는 모든 일을 성공케 하시는 하나님의 능력의 문을 열 수 있는 열쇠를 가진 사람이다.

위대한 교사, 기도하는 교사들이여!

더욱 힘써 기도하자.

"나는 할 일이 너무 많기 때문에 매일 3시간씩 기도하지 않고는 일어날 수가 없다"라고 말한 루터의 고백처럼,

너무 바쁘기 때문에 더 기도하자.

너무 일이 많기 때문에 더 기도하자.

더 큰일을 준비하고 있기 때문에 더 기도하자.

너는 내게 부르짖으라 내가 네게 응답하겠고 네가 알지 못하는 크고 은밀한 일을 네게 보이리라 _예레미야 33:3

구하라 그리하면 너희에게 주실 것이요 찾으라 그리하면 찾아낼 것이요 문을 두드리라 그리하면 너희에게 열릴 것이니 구하는 이마다 받을 것이요 찾는 이는 찾아낼 것이요 두드리는 이에게는 열릴 것이니라 _마태복음 7:7-8

아파하는 교사에게 주는 잠언

기도의 실패자는 생활의 실패자다. 성자를 만들어 내는 것은 기도의 힘이다. _E. M. 바운즈

교사로서 당신은 학생들을 위해서 한 주간 동안 얼마나 기도하십니까?

문항	빈도	%
① 기도하지 않는다	24명	3.8
② 10분 이내	192명	30.3
③ 30분 이내	219명	34.5
④ 1시간 이내	116명	18.3
⑤ 1시간 이상	61명	9.6

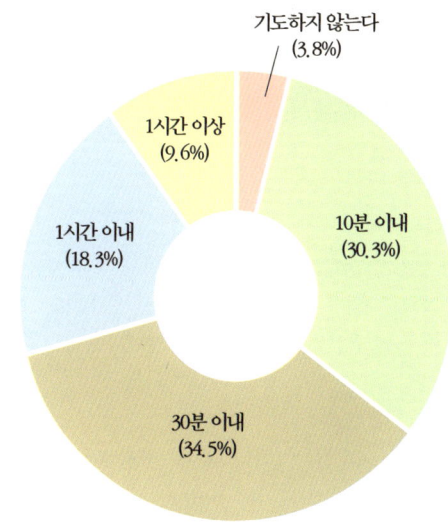

❖ 이 자료는 전국 교회학교 교사를 대상으로 2012년 8월 27일~9월 21일까지 저자가 직접 조사한 설문결과이다(참가한 교회학교 교사 : 634명).

하나님의 쪽지 요약 | 교사의 기도 |

1. 교사의 기도는 강하다.

세상에서 가장 강한 교사는 기도하는 교사다. 기도하는 교사의 손에는 하나님의 무한한 하늘의 보물 창고를 여는 열쇠를 쥐어져 있기 때문이다.

2. 가르침의 시작은 기도다.

기도는 성령님의 가르침을 알게 해준다. 그래서 기도로 가르치면 아이들은 반드시 변한다. 이것이 성경적 교육 원리다.

3. 기도는 보이지 않는 섬김이다.

보이지 않은 섬김의 기도가 아이들의 아픔을 치유해 주고 변화되지 않을 것 같은 아이들도 변화시킨다. 그리고 사역에 지친 교사의 아픔을 위로해 줄 수 있다.

4. 자신을 위해 기도하는 교사가 되라.

첫째, 먼저 거룩하지 못한 자신을 위해 기도를 하라. 죄를 고백하는 기도를 드리는 것이다.

둘째, 교사의 사명을 잘 감당할 수 있는 능력을 구하는 기도를 하라.
셋째, 큰 믿음을 가진 교사가 되길 기도하라.
넷째, 선한 목자의 심정을 구하는 기도를 하라.
다섯째, 가르치는 능력을 구하는 기도를 하라.
여섯째, 동역자를 위해 기도하라.

5. 교사가 기도 못하는 이유들

첫째, 분주하기 때문이다.
둘째, 피로하기 때문이다.
셋째, 기도의 가치를 모르기 때문이다.

하나님의 쪽지 나눔 | 교사의 기도 |

1. 나는 아이들을 위해 주일을 제외하고, 일주일에 몇 번 기도하는가?

   ---

2. 나는 진정한 기도의 가치와 능력을 얼마나 믿고 있는지 말해 보자.

   ---

3. 교사로서 기도하지 못하는 이유가 있다면, 그 이유에 대해서 말해 보자.

함께 기도하기

기도의 진정한 가치와 능력을 믿고, 반 아이들을 위해서 힘써 기도하는 교사가 되게 하옵소서.

일곱 번째 하나님의 쪽지

교사의 리더십

가장 위대한 리더는 하나님의 말씀을 잘 가르치는 훌륭한 교사다.
_게리 브레드펠트

너희 중에 누구든지 으뜸이 되고자 하는 자는 너희의 종이 되어야 하리라 인자가 온 것은 섬김을 받으려 함이 아니라 도리어 섬기려 하고 자기 목숨을 많은 사람의 대속물로 주려 함이니라 _**마태복음 20:27-28**

주 앞에서 낮추라 그리하면 주께서 너희를 높이시리라 _**야고보서 4:10**

교사도 리더기 때문에 아이들이 좋아하고 따르는 교사가 되기 위해서는 좋은 리더의 조건, 교사의 리더십, 영적 리더 등에 대해서도 배워야 한다.

위대한 교사는 그냥 되는 것이 아니라 부단히 준비하고 배워야 한다.

위대한 교사는 좋은 리더의 조건을 알고 그대로 실천하려고 노력하는 사람이다.

위대한 교사는 세상 리더와 다른 영적 리더십을 갖추어야 한다.

위대한 교사가 되고 싶다면 지금부터라도 교사의 리더십에 대해 함께 공부하고 연구하면서 실천해 보자. 좋은 리더가 좋은 교사다.

단어로 풀어보는 리더(leader)

사람은 누구나 리더가 될 수 있다. 국가 지도자, 교회 지도자, 기업의 CEO, 여러 다른 분야의 지도자들만이 리더라고 한정해서는 안 된다. 가정에서는 부모가 리더다. 작은 소모임, 소그룹에서도 리더가 반드시 필요하다. 사람들이 모이는 곳이라면 리더가 필요하다. 그래서 누구든지 리더가 될 수 있고 또 되어야 한다. 그렇다면 리더란 무엇인가? 영어 단어 리더(leader)의 첫 글자를 이용해서 리더의 특징을 다음과 같이 설명할 수 있다.

- Learner : 배우는 사람, 자기계발을 꾸준히 하는 사람
- Educator : 잘 가르치는 사람
- Action : 행동으로 보여 주는 사람
- Determination : 올바른 결단력(결정)을 가진 사람
- Encourager : 용기를 주는 사람
- Responsibility : 책임을 지는 사람

첫째, 리더는 누구보다 앞장서서 배우는 자세의 사람이어야 한다.

리더는 자신보다 배울 점이 있는 사람에게 낮은 자세로 배우고자 하는 겸손한 사람이어야 한다. 동시에 자신의 발전을 위해서 꾸준히 자기계발하고 관리하는 사람이어야 한다.

둘째, 리더는 잘 가르치는 사람이어야 한다.

잘 가르치는 사람이 되기 위해서 먼저 교육을 받아야 한다. 앞에서 말한 것처럼, 리더는 먼저 배우는 사람이 되어야 한다. 동시에 자기가 배운 것을 잘 소화해

서 쉽게 가르치는 사람이 되어야 한다. 그러므로 좋은 리더는 잘 가르칠 줄 아는 사람이어야 한다.

셋째, 리더는 행동으로 보여 주는 사람이 되어야 한다.

리더십의 권위자인 존 맥스웰은 "당신의 말도 말하고 당신의 삶도 말한다. 하지만 당신의 삶이 당신의 말보다 더 크게 말한다."라고 행동을 강조했다. 이 말의 의미는 무엇일까? 리더의 권위는 말에 있는 것이 아니라 행동에 있다는 것이다. 리더는 사람들에게 말로만 지시하는 사람이기 전에 몸소 실천해서 보여 주는 모범이 되어야 한다.

넷째, 리더는 올바른 결단력(결정)을 가진 사람이어야 한다.

리더는 최종 결정을 내리는 사람이다. 사공이 많으면 배가 바다로 가지 못하고 산으로 간다. 많은 사람이 있는 곳에는 분분한 의견들이 있기 마련이다. 이런 상황에서 좋은 리더는 미래를 내다보고 바른 결정을 할 줄 알아야 한다.

다섯째, 리더는 용기를 주는 사람이어야 한다.

사람들은 누구나 용기를 주는 리더를 원한다. 어린이든, 청소년이든, 청년이든, 직장인이든, 노인이든, 실패한 사람이든, 성공한 사람이든 모두 자기에게 용기를 주는 리더를 좋아하고 따른다. 용기의 힘은 상상을 초월하고 그 위력은 대단하다. 용기는 영혼의 산소와 같다. 용기 안에는 희망과 꿈이라는 비밀이 숨겨져 있다. 좋은 리더는 희망과 용기를 불어넣어 주는 사람이다.

여섯째, 리더는 끝까지 책임을 질 줄 아는 사람이어야 한다.

리더는 아랫사람이나 약한 사람에게 책임을 전가하는 사람이 아니라 일의 결과를 스스로 책임질 줄 아는 책임감이 강한 사람이다. 리더는 자기가 한 말과 행동에 대해서 끝까지 책임지고자 하는 자세를 지녀야 한다.

따르고 싶은 리더의 조건

리더십은 영어로 Leadership이다. 이 단어는 말 그대로 리더(Leader)에 십(ship)을 더한 것이다. 그러므로 리더십이란 리더가 배를 목적지까지 이끌 수 있는 능력을 말하는 것이다. 목적지까지 안전하게 항해하려면 능숙한 리더가 되어야 한다. 좋은 리더의 조건은 무엇일까? 어떻게 하면 사람들이 따르고 싶은 리더가 될 수 있을까? 누구나 교사로서 또는 좋은 리더가 되고자 한 번쯤 고민했을 질문일 것이다.

리더십 분야의 전문가인 존 맥스웰은 "좋은 리더가

되기 위해서는 다른 사람들이 따르도록 일에 집중하는 것이 아니라, 자신을 그들이 따르고 싶은 사람으로 만드는 일에 집중하는 것이다."라고 말하였다. 과연 나는 교사로서 어떻게 하면 다른 사람들이 따르고 싶은 리더가 될 수 있을까?

첫째, 좋은 성품을 갖춘 사람

탁월한 능력과 재능을 갖춘 사람이 갑작스럽게 곤두박질치는 것을 본 적이 있는가? 그 이유는 바로 성품에 문제가 있기 때문이다. 아무리 좋은 자질과 능력을 갖고 있더라도 좋은 성품, 인격의 사람이 아니라면 리더의 자리에 오래 머물 수는 없을 것이다.

둘째, 비전을 공유하는 사람

비전이 있는 리더는 부지런한 리더가 될 수 있다. 좋은 리더는 혼자서 비전을 추구하는 것이 아니라 자기를 따르는 팔로워(follower)에게 비전을 제시하고, 그 비전을 공유하는 사람이다.

셋째, 좋은 관계를 유지하는 사람

"성공 공식에서 가장 중요한 요소는 사람과 어울리는 방법을 아는 것이다."라고 말한 루즈벨트 대통령의 말처럼, 다른 사람과의 관계가 좋은 리더의 주변에는 힘이 되는 사람들이 있다.

넷째, 자신보다 남을 섬기는 사람

권력과 지위보다 강력한 힘은 바로 섬김이다. 섬김과 겸손은 부드럽지만 강하다. 단단하고 차가운 얼음을 녹이는 것은 강한 충격이 아니라 따스한 열이 아닌가? 이 따스한 열이 바로 섬김이다.

다섯째, 소통의 사람

동의보감에 "아픈 것은 통하지 않기 때문이요, 아프지 않은 것은 통하기 때문이다."라는 말처럼, 우리의 몸에 이상이 생기는 원인 중에 하나가 피가 잘 통하지 않기 때문이다. 이와 같이 소통의 부재가 있는 공동체에서는 마찰이 잦다.

하나님이 인간에게 왜 두 개의 귀와 하나의 입을 주셨을까? 말은 적게 하고 듣는 것을 두 배로 하라는 의미일 것이다. 좋은 리더는 작은 소리 하나라도 놓치지 않는다. 이건희 삼성 회장은 직원들로부터 열 마디를 듣고 한 마디를 한다고 해서 '듣기형 리더'라는 말을 들을 정도로 상대방의 말을 경청한다고 한다. 아랫사람의 말을 듣기보다 먼저 말하기 좋아하는 '지시형 리더'는 좋은 리더가 아니다.

나는 '아이들이 따르는 교사인가? 아니면 아이들이 따르기 싫어하는 왕따 교사인가? 그 이유는 뭐라고 생각하는가?' 솔직하게 표현해 보자.

보스형 리더 vs 지도자형 리더

사람들은 리더가 되고 싶어 하고 또 누구나 리더가 될 수 있다. 하지만 존경받는 리더가 되는 것은 쉽지 않다. 내가 속한 공동체에서, 내가 섬기는 공동체에서, 내가 이끄는 공동체에서, 나는 과연 다른 사람들에게 영향력을 끼치는 존경받는 리더인가? 아니면 나를 따르는 지지자가 한 사람도 없는 왕따 리더인가? 나는 교사로서 '보스형 리더'인가, 아니면 '지도자형 리더'인가를 점검해 보자.

보스형 리더와 지도자형 리더의 차이

- 보스형 리더는 사람들이 떠나고, 지도자형 리더는 사람들이 모인다.
- 보스형 리더는 다른 사람의 약점을 보지만, 지도자형 리더는 다른 사람의 장점을 본다.
- 보스형 리더는 늘 징계를 필요로 하지만, 지도자형 리더는 징계를 필요로 하지 않는다.
- 보스형 리더는 '내가'라는 말을 자주 하지만, 지도자형 리더는 '우리가'라는 말을 자주 한다.
- 보스형 리더는 '너희만 가라'고 명령하지만, 지도자형 리더는 '함께 가자'고 격려한다.
- 보스형 리더는 남을 의심하지만, 지도자형 리더는 남을 믿는다.
- 보스형 리더는 야단을 치지만, 지도자형 리더는 칭찬을 한다.
- 보스형 리더는 복종을 요구하지만, 지도자형 리더는 존경을 원한다.

- 보스형 리더는 자리를 지키려고 하지만, 지도자형 리더는 자기를 비워 준다.
- 보스형 리더는 자기 관점으로 세상을 보지만, 지도자형 리더는 다른 사람의 관점에서 세상을 본다.
- 보스형 리더는 자기의 강점을 통해 권위를 유지하려고 하지만, 지도자형 리더는 자기의 약점에도 불구하고 권위를 얻는다.
- 보스형 리더는 권위를 잃을까 두려워서 자기의 약점을 숨기지만, 지도자형 리더는 자기의 약점을 숨기지 않는다.
- 보스형 리더는 자신의 의견에 반대하는 사람을 미워하지만, 지도자형 리더는 자기의 의견에 반대하는 사람을 더 가까이 한다.
- 보스형 리더는 권력을 얻는 데 힘을 쓰지만, 지도자형 리더는 존경을 얻는 데 힘을 쓴다.
- 보스형 리더는 무조건 의사소통을 거부하지만, 지도자형 리더는 의사소통을 거부하지 않는다.
- 보스형 리더에게는 귀가 두 개밖에 없지만, 지도자형

리더는 귀가 여러 개 있다.
- 보스형 리더는 다른 사람의 잘못을 지적하지만, 지도자형 리더는 무엇이 잘못인지를 설명한다.
- 보스형 리더는 다른 사람에게 책임을 지게 하지만, 지도자형 리더는 스스로 책임을 진다.
- 보스형 리더는 무조건 부하만을 원하지만, 지도자형 리더는 동역자(함께 일하는 사람)를 원한다.
- 보스형 리더는 실수와 잘못을 인정하지 않지만, 지도자형 리더는 실수와 잘못을 인정한다.
- 보스형 리더는 자신의 후계자를 키우지 않고, 지도자형 리더는 자신의 후계자를 키운다.

세상에는 권력과 권위로 군림하기를 원하는 보스형 리더들이 많지만, 예수님께서는 우리에게 다른 사람들 앞에서 권력과 권위를 이용해 군림하는 보스형 리더가 되지 말고, 지도자형 리더가 되라고 분명히 명령하셨다. 그렇다면 지도자형 리더는 어떤 사람을 말하는 것일까?

예수님께서는 성경을 통하여 이렇게 가르쳐 주셨다.

"너희 중에는 그렇지 않아야 하나니 너희 중에 누구든지 크고자 하는 자는 너희를 섬기는 자가 되고 너희 중에 누구든지 으뜸이 되고자 하는 자는 너희의 종이 되어야 하리라 인자가 온 것은 섬김을 받으려 함이 아니라 도리어 섬기려 하고 자기 목숨을 많은 사람의 대속물로 주려 함이니라"_마태복음 20: 26-28

지도자형 리더는 다른 사람들 앞에서 군림하는 보스형 리더가 아니라, '섬기는 리더', '십자가를 지는 리더'를 말하는 것이다.

나는 군림하는 보스형 리더인가? 아니면 예수님의 말씀처럼 섬기기를 좋아하는 지도자형 리더인가? 살펴보자.

세상 리더 vs 영적 리더

세상 리더와 영적 리더는 어떻게 다를까? 영적 리더의 특징을 살펴보자.

첫째, 영적 리더는 예수님을 영접한 사람

세상 리더는 예수님을 전혀 몰라도 될 수 있지만, 영적 리더는 먼저 예수님을 영접한 그리스도인이 되어야 한다. 즉 자신의 죄를 인정하고, 예수 그리스도가 자신의 죄 값으로 죽으셨음을 믿고, 예수를 자신의 구세주로 영접한 사람이다.

둘째, 영적 리더는 하나님의 말씀에 순종하는 사람

세상 리더는 세상의 지식, 원리, 법칙, 방법(전략)에 순종하고 따르는 사람이지만, 영적 리더는 하나님의 말씀을 진리로 삼고, 그 말씀대로 살기 위해서 순종하는 사람이어야 한다. 영적 리더는 세상적인 방법과 원리에 따라 결정하고 행동하는 것보다 하나님의 말씀에 의거하여 결정하고 순종하는 것을 우선하는 사람이다.

셋째, 영적 리더는 성숙한 인격을 갖춘 사람

영적 리더는 하나님의 성품을 닮은 성숙한 인격의 사람이다. 교회 지도자들이 넘어지는 이유 중에 첫 번째가 인격의 문제라고 한다. 지도자가 리더십을 오래 발휘할 수 있는 열쇠는 리더의 인격이라고 할 수 있다. 하워드 핸드릭스는 리더십의 위기에 대해서 심각하게 조언하고 있다. "오늘날 이 세계의 가장 큰 위기는 리더십의 위기다. 그리고 리더십의 가장 큰 위기는 바로 인격의 위기다."

넷째, 영적 리더는 개인의 유익보다 하나님의 영광을 위해서 일하는 사람

세상 리더는 자신과 조직의 유익만을 위해서 일하지만, 영적 리더는 개인과 다른 사람의 유익을 위해서 일하는 것뿐 아니라 이보다 앞서 하나님의 영광과 기쁨을 위해서, 하나님을 더 잘 섬기기 위해서 일하는 사람이다.

다섯째, 영적 리더는 하나님께서 주시는 힘으로 일하는 사람

세상 리더는 자신의 능력, 학벌, 물질, 지위, 성공 전략 등으로 일하려고 하지만, 영적 리더는 이 같은 것에 의지하여 일하는 사람이 아니라 하나님께서 주시는 힘으로 일하는 사람이다. 세상 리더는 자신의 능력과 힘으로 모든 일을 계획하고 추진하고 이끈다. 하지만 영적 리더는 육신의 능력이 아니라 성령의 능력과 하나님이 주시는 힘으로 이끈다.

여섯째, 영적 리더는 예수님의 가르침에 따라 사랑으로 섬기는 사람

세상 리더는 섬김의 본을 보여 주신 예수님의 가르침 없이 다스리는 리더이지만, 영적 리더는 제자들에게 섬김의 본을 보여 주신 진정한 영적 리더인 예수님을 본받아 사랑으로 섬기는 사람이다. 예수님께서는 제자들의 발을 직접 씻어 주시면서 이렇게 가르치셨다.

"내가 너희에게 행한 것 같이 너희도 행하게 하려 하여 본을 보였노라." _요한복음 13:15

예수님은 겸손한 종으로서 섬기는 리더십을 보여 주신 것이다. 예수님의 온전한 섬김은 우리들을 사랑하셨기 때문이다. 그러므로 영적 리더는 예수님처럼 다른 사람을 사랑하고 섬기는 사람이어야 한다.

일곱째, 영적 리더는 영적 리더십을 갖춘 사람

세상 리더는 영적 리더십이 없지만, 영적 리더는 하

나님께서 부여하신 영적 리더십을 갖추고 있다. 영적 리더는 하나님께서 주신 고유한 재능과 은사를 갖고 태어났다. 세상 리더와과 영적 리더는 서로 유사한 원리와 방법(전략)을 활용하는 것처럼 보일 때도 있지만, 영적 리더에게만 부여된 영적 리더십은 세상 리더십과는 차원이 다르다.

하나님께서는 사람의 능력, 방법, 전략, 지식, 물질, 권력 등을 이용하여 리더십을 발휘하는 세상 리더를 찾고 계신 것이 아니라, 하나님의 말씀대로, 하나님의 힘만을 의지하고 행하는 믿음의 리더, 하나님의 계획을 알고 사람들에게 차원이 다른 영적 영향력을 끼치는 진정한 리더를 찾고 계신다. 나는 과연 하나님께서 간절히 찾고 계신 바로 그 영적 리더인가?

위대한 교사들이여!
위대한 교사는 세상 리더의 조건을 갖춘 사람이 아니다.

위대한 교사는 영적 리더의 조건을 갖춘 사람이다.
그렇다면 나는 영적 리더의 조건을 갖춘 사람인가?

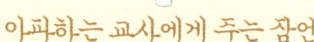

아파하는 교사에게 주는 잠언

학생들은 헌신적인 선생님이자 영감있는 한 사람의 영향력을 오래 기억할 것이다. _게리 브레드펠트

교회학교 교사로서 당신은 어떤 스타일의 리더십을 갖춘 사람이라고 생각하십니까?

문항	빈도	%
① 섬김의 리더십	252명	39.7
② 소통의 리더십	213명	33.6
③ 영적 리더십	45명	7.1
④ 권위의 리더십	15명	2.4
⑤ 인격의 리더십	69명	10.9
⑥ 기타	8명	1.3

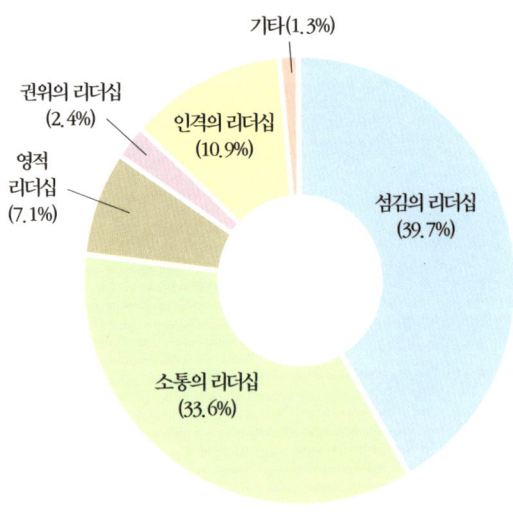

❖ 이 자료는 전국 교회학교 교사를 대상으로 2012년 8월 27일~9월 21일까지 저자가 직접 조사한 설문결과이다(참가한 교회학교 교사 : 634명).

하나님의 쪽지 요약 | 교사의 리더십 |

1. 단어로 풀어 보는 리더(leader)

첫째, 리더는 누구보다도 앞장서서 배우는 자세의 사람이어야 한다.
둘째, 리더는 잘 가르치는 사람이 되어야 한다.
셋째, 리더는 행동으로 보여 주는 사람이 되어야 한다.
넷째, 리더는 올바른 결단력(결정)을 내리는 사람이어야 한다.
다섯째, 리더는 용기를 주는 사람이어야 한다.
여섯째, 리더는 끝까지 책임을 질 줄 아는 사람이어야 한다.

2. 따르고 싶은 리더의 조건

첫째, 좋은 성품을 갖춘 사람
둘째, 비전을 공유하는 사람
셋째, 좋은 관계를 유지하는 사람
넷째, 자신보다 남을 섬기는 사람
다섯째, 소통의 사람

3. 보스형 리더 vs 지도자형 리더

지도자형 리더는 다른 사람들 앞에서 군림하는 보스형 리더가 아니라, '섬기는 리더', '십자가를 지는 리더'를 말한다.

4. 세상 리더 vs 영적 리더

첫째, 영적 리더는 예수님을 영접한 사람
둘째, 영적 리더는 하나님의 말씀에 순종하여 따르는 사람
셋째, 영적 리더는 인격을 갖춘 사람
넷째, 영적 리더는 개인의 유익보다는 하나님의 영광을 위해서 일하는 사람
다섯째, 영적 리더는 하나님께서 주시는 힘으로 일하는 사람
여섯째, 영적 리더는 예수님의 가르침에 따라 사랑으로 섬기는 사람
일곱째, 영적 리더는 영적 리더십을 갖춘 사람

하나님의 쪽지 나눔 | 교사의 리더십 |

1. 나는 건강한 리더로서 건강한 교사의 리더십을 갖춘 교사인가? 말해 보자.

   _____
   _____

2. 교사는 리더이자 영적 지도자다. 나는 리더로서 부족한 요소가 무엇이라고 생각하는가? 왜 그렇게 생각하는지 말해 보자.

   _____
   _____
   _____
   _____

함께 기도하기

영적 리더이자 지도자로서 자격을 갖춘 좋은 교사가 되게 하옵소서. 영적 지도자로서 부족한 것이 있다면 채워 주시옵소서.

여덟 번째 하나님의 쪽지

교사의 함정

시대에 뒤떨어진 선생만큼 딱한 것도 없다. _교육가 헨리 애덤스

너는 진리의 말씀을 옳게 분별하며 부끄러울 것이 없는 일꾼으로 인정된 자로 자신을 하나님 앞에 드리기를 힘쓰라 _디모데후서 2:15

비본질에 집착하는 것

"비본질적인 것에 집착하지 말고 오직 '복음'을 가르치는 일에 우선순위를 두라."

아이들은 세상의 변화와 유행에 민감해서 곧잘 따라하고 싶어 한다. 머리 모양, 옷 입는 스타일, 액세서리 등에 자주 변화를 준다. 이것은 신앙과 어떤 관계가 있을까? 다행히 교사들이 걱정하고 상상하는 만큼 큰 연관성은 없다. 하지만 교사들은 그들의 마음을 이해하지 못하고 때로 이런 변화를 지적하는 데 집착한다.

이것은 교회학교 사역을 하는 데 비본질적인 일이다. 나는 비본질적인 것들에 집착하지 말고 가르치는 일에 우선순위를 두라고 말씀드리고 싶다.

교사직의 우선순위는 가르치는 일이다. 교사의 가장 중요한 역할은 어린 양떼를 잘 먹이는 일이다. 교사는 분명한 하나님의 말씀을 선포하여 아이들에게 영적 양심을 제공해 주어야 하는 것이다.

내가 이를 때까지 읽는 것과 권하는 것과 가르치는 것에 전념하라 _디모데전서 4:13

교사는 자신의 경험, 철학, 사고, 지식, 방법, 전략, 세상의 지혜 등을 가르치는 것이 아니다. 교사는 성경의 리더로서 오직 하나님의 말씀, 복음의 핵심, 성경적인 원리 등을 아이들에게 가르쳐 주어야 한다. 오직 교사는 가르치는 일에 온 마음과 정성을 쏟아 부어야 한다.

교사가 빠지기 쉬운 함정들...

교사들이여! 비본질적인 것에 집착하지 말고 가르치는 사역에 우선순위를 두자.

너는 진리의 말씀을 옳게 분별하며 부끄러울 것이 없는 일꾼으로 인정된 자로 자신을 하나님 앞에 드리기를 힘쓰라 _디모데후서 2:15

교사의 본질은 가르치는 일인데 그렇다면 무엇을 가르쳐야 하는가? 오직 '복음'만을 가르쳐야 한다. 복음이 없으면 아이들은 변화되지 않는다. 뛰어난 종교성과 감동이 있는 영화, 최신 키보드와 드럼을 준다 하더라도 아이들은 쉽게 변화되지 않는다. 분위기 있는 식당에서 값비싼 음식을 사준다 하더라도, 아이들에게 복음을 가르치지 않으면 지속적인 영적 변화는 기대할 수 없다.

아이들을 변화시키는 것은 세상 지식이 아니라 하나님의 말씀이다. 아이들을 변화시키는 것은 세상적인 가르침이 아니라 성령님의 가르침이다.

> 모든 성경은 하나님의 감동으로 된 것으로 교훈과 책망과 바르게 함과 의로 교육하기에 유익하니 이는 하나님의 사람으로 온전하게 하며 모든 선한 일을 행할 능력을 갖추게 하려 함이라 _디모데후서 3:16-17

> 우리가 이것을 말하거니와 사람의 지혜가 가르친 말로 아니하고 오직 성령께서 가르치신 것으로 하니 영적인 일은 영적인 것으로 분별하느니라 _고린도전서 2:13

자기 자랑하느라
아이들을 무시하는 것

"앞에서 아이들을 칭찬하고 뒤에서도 아이들을 비방하지 말라."

내가 학생들에게 자주 하는 질문 한 가지는 이것이다.
"너희들은 어떤 스타일의 교수를 가장 싫어하니?"
학생들의 말을 종합하면, "잘난 체하는 교수, 말만 하면 자기 자랑, 자기 가족 자랑하는 교수"를 싫어한다고 한다.

교회학교도 마찬가지다. 아이들은 자기 자랑하는

교사, 잘난 체하는 교사를 싫어한다. 특히 학생들을 무시하는 교사는 가장 미움을 받는 최악의 교사다.

학생들이 원하는 것은 무엇일까? 교사 자신의 자랑거리를 듣고 싶어 하는 것이 아니라, 교사의 칭찬 한마디를 듣고 싶어 한다. 무시당하는 말이 아니라 응원의 말을 듣고 싶어 한다.

> "칭찬은 행동을 변화시키는 가장 강력한 도구이다. 칭찬은 사람들이 더 잘 행동하게 하며 삶을 넓히는 모험을 받아들이도록 용기를 준다."

이는 심리학자 스키너의 말로 칭찬의 효과를 강조하고 있다. 칭찬은 칭찬을 하는 사람과 칭찬을 받는 사람 모두에게 긍정적인 영향을 줄 뿐 아니라 상당한 효력이 있다. 특히 교사와 아이들 관계를 더 좋게 만드는 탁월한 효과가 있다.

다섯 달란트 받았던 자는 다섯 달란트를 더 가지고 와서 이르되 주인이여 내게 다섯 달란트를 주셨는데 보소서 내가 또 다섯 달란트를 남겼나이다 그 주인이 이르되 잘 하였도다 착하고 충성된 종아 네가 적은 일에 충성하였으매 내가 많은 것을 네게 맡기리니 네 주인의 즐거움에 참여할지어다 하고 _마태복음 25:20-21

주인은 받은 달란트를 활용하여 2배로 남겼을 때, "잘하였도다 착하고 충성된 종아"라고 칭찬하였다. 이때 주인과 칭찬 받은 종의 기분은 좋았을 것이다. 주인은 진심으로 칭찬을 하였고 종은 주인의 인정을 받았기 때문이다. 칭찬으로 두 사람의 관계는 좋아진 것이나. 이렇게 교사의 칭찬은 학생과 좋은 관계를 맺는 기초가 된다. 교사와 학생의 관계가 원만해야 아이들이 교회학교에 오는 것을 좋아한다는 연구 결과도 있다.

교사들이여!
아이들을 변화시키는 것은 교사의 백 마디 잔소리

가 아니라 한 마디 칭찬의 말이다.

> 무릇 더러운 말은 너희 입 밖에도 내지 말고 오직 덕을 세우는 데 소용되는 대로 선한 말을 하여 듣는 자들에게 은혜를 끼치게 하라 _에베소서 4:29

아이의 자신감을 키워 주는 칭찬 법칙 7가지
칭찬의 초점을 아이에게 맞춰라.
재능보다 노력을 칭찬하라.
칭찬에도 눈높이가 필요하다.
결과가 아닌 과정을 칭찬하라.
참는 아이를 칭찬하지 마라.
아이다움을 칭찬하라.
아이의 한 부분만을 강조하여 칭찬하지 마라.
_상진아 저, 〈칭찬과 꾸중의 힘〉, 73-97쪽, 랜덤하우스, 2008

통(通)하지 않는 것

"아이들의 마음까지 이해하고 인정하자"

"아픈 것은 통하지 않기 때문이요, 아프지 않은 것은 통하기 때문이다."

이것은 〈동의보감〉에 나오는 말이다. 우리의 답답한 정치판을 보라. 왜 문제가 있는가? 서로 소통하지 않기 때문이다. 정치, 사회, 직장, 가정, 학교, 친구, 부부 사이에서 소통하지 않으면 문제가 발생한다. 서로 오해하고 마찰을 일으키다가 상처를 주는 사이가 될 수 있다. 교사와 학생 사이에도 소통하지 않으면 마찬가지로 관계가 멀어진다.

통(通)을 잘하기 위해서는 무엇이 필요할까? 소통 하면 대부분 커뮤니케이션 스킬을 떠올린다. 하지만 커뮤니케이션 스킬이 뛰어나다고 해서 상대방의 마음까지 움직이게 할 수는 없다. 통하기 위해서는 무엇보다 상대방을 이해하고 인정하는 것이 중요하다.

교사가 학생의 마음을 이해하고 그들을 인정하기 위해서는 우선 잘 들어야 한다. 학생의 말에 경청하는 태도가 무엇보다 중요하다. 재차 강조하지만 귀가 입보다 하나 더 많다는 것을 기억해야 한다.
그러므로 교사는 먼저 학생의 입장에서 그들을 이해하려는 귀와 노력이 필요하고 그들을 인정해 주려고 하는 마음 자세가 있어야 한다.

"선비는 자기를 알아주는 사람을 위하여 목숨을 바치고,

여자는 자기를 기쁘게 해주는 사람을 위하여 얼굴을 꾸민다."

이 말은 사마천의 〈사기〉에 나오는 예양이 한 말이다.

교사들이여!
아이들은 자신을 알아주는 교사를 따르고 존경한다.
아이들은 자신과 통하는 교사에게 마음을 연다.
나는 과연 어떤 스타일의 교사인가?
아이들과 잘 통하는 교사인가?

감정을 통제하지 못하는 것

"감정을 다스릴 수 있는 자제력을 키우자."

교사가 자주 실수하는 것 중에 하나가 바로 감정을 통제하지 못하는 경우다. 자신의 감정을 여과 없이 아이들에게 표현하는 교사도 간혹 있다. 이것은 교사의 평판에 엄청난 타격을 주고 아이들에게도 심한 상처를 남길 수 있다.

사실 감정을 다스린다는 것은 말처럼 쉽지 않다. 감정을 다스리는 것을 배운 적도 없고, 배웠다 하더라고 내 뜻대로 조절하는 것은 매우 힘든 일이다.

그래도 교사는 아이들에게 큰 영향력을 주는 리더다. 교사는 감정을 다스리는 연습을 꾸준히 해야 한다. 감정을 다스리지 못하는 교사는 마치 방울뱀과 같다. 자신의 감정으로 인하여 학생들에게 치명적인 마음의 상처를 입히고 모두를 불행하게 만들기 때문이다.

교사에게는 감정을 통제할 수 있는 자제력이 필요하다. 자신을 통제하는 자제력이 바로 교사의 인격이다. 나폴레온 힐은 그의 책 〈나폴레온 힐 성공의 법칙〉(중앙경제평론사, 2007)에서 자제력에 대해 다음과 같이 말했다.

"열정은 행동에 이르게 하는 매우 중요한 원천이다. 반면에 자제력은 이 행동이 그릇된 방향이 아닌 올바른 방향으로 향하도록 균형을 맞추어 주는 평형 바퀴와 같다. …… 사람들이 겪는 대부분의 불행은 자제력 부족에서 생겨난다."

감정을 통제하지 못하면, 교사 자신도 치명적인 타격을 입을 뿐만 아니라 아이들에게도 깊은 상처를 남길 수 있다. 자신을 다스릴 수 있는 사람이야말로 온전한 승리자요, 교사다.

> 노하기를 더디 하는 사람은 용사보다 낫고, 자기의 마음을 다스리는 사람은 성을 점령한 사람보다 낫다 _잠언 16:32, 새번역

말 실수하는 것

"말의 실수를 줄이기 위해서 좋은 언어습관을 가져라."

탈무드에 나오는 이야기다. 어떤 임금이 두 사람을 불러서 재미있는 심부름을 시켰다. 한 사람에게는 세상에서 가장 좋은 것을 가져오라고 하였고, 다른 사람에게는 세상에서 가장 나쁜 것을 찾아오게 하였다.

얼마 후 두 사람이 돌아와 임금님께 구해 온 것을 상자에 넣어 바쳤다. 임금은 세상에서 가장 좋은 것을 가져온 사람의 상자를 열었다. 거기에는 사람의 혀가 있었다. 이번에는 세상에서 가장 나쁜 것을 가져온 사람의 상자를 열었다. 거기에도 역시 사람의 혀가 있었다. 이 이야기가 주는 교훈은 무엇일까? 사람의 혀는 이 세상에서 가장 유익한 것도 될 수 있고, 가장 해로운 것도 될 수 있다는 것이다.

교사들이여!
무심코 내뱉은 말은 아이에게 큰 힘을 줄 때도 있지만, 반대로 큰 상처를 남길 수도 있다.

온순한 혀는 곧 생명나무이지만 패역한 혀는 마음을 상하게 하느니라 _잠언 15:4

좋은 교사가 되고 싶은가? 그렇다면 말을 조심하라. 말에 실수가 없어야 한다. 좋은 교사가 갖춰야 하는 조건 중에서 '말'의 비중은 절대적이다. 말을 함부로 하는 사람은 좋은 교사가 될 수 없다. 말의 실수로 높은 자리에서 떨어지거나 평판에 치명적인 흠을 낸 사람들의 예는 수없이 많다.

이 세상에는 두 종류의 말이 있다. 바로 해야 할 말과 해서는 안 될 말이다.

해야 할 말에는 상대방을 존중하는 말, 체면을 세워 주는 말, 인정하는 말, 칭찬하는 말, 겸손한 말, 배려하는 말, 실수를 인정하는 말, 격려하는 말, 용기를 주는 말, 축복의 말, 꿈과 소망을 주는 말 등이 있다.

해서는 안 될 말에는 다른 사람을 비난하는 말, 무시하는 말, 속이는 말, 불평하는 말, 상처를 주는 말, 실수를 시인하지 않는 말, 핑계를 대는 말 등이 있다.

여기 좋은 교사가 되기 위한 언어 관리 10계명을 소개한다.

1. 긍정적인 말을 하라.
2. 칭찬의 말을 하라.

3. 말하기 전에 생각하라.

4. 사랑의 말을 하라.

5. 격려의 말을 하라.

6. 부드러운 표현을 사용하라.

7. 웃으면서 말을 하라.

8. 축복의 말을 하라. - 너희를 핍박하는 자를 축복하라 축복하고 저주하지 말라 _로마서 12:14

9. 진솔하게 말을 하라.

10. 상대방(학생)을 배려하는 말을 하라.

말이 많으면 허물을 면하기 어려우나 그 입술을 제어하는 자는 지혜가 있느니라 _잠언 10:19

한스 핀젤은 〈리더가 저지르기 쉬운 10가지 실수〉라는 책에서 리더가 자주 실수하는 것들과 그 대책을 소개했다.

저지르기 쉬운 10가지 실수	이렇게 하라.
실수 1: 명령하달식의 리더십	1. 무조건 명령하지 마라.
실수 2: 사람을 무시한 업무 추진	2. 사람을 우선에 두라.
실수 3: 확신 없는 말	3. 확신 있게 말하라.
실수 4: 도전의 불씨 제거	4. 도전자를 위한 공간을 만들라.
실수 5: 독재적인 의사 결정	5. 독불장군이 되지 말라.
실수 6: 권한 위임의 철회	6. 믿고 맡기자.
실수 7: 의사소통의 혼란	7. 온 마음으로 대화하자.
실수 8: 협력문화의 부재	8. 함께 나아가자.
실수 9: 후계자 없는 성공	9. 사람을 키우라.
실수 10: 모호한 미래 청사진	10. 꿈꾸는 자가 되라.

교사들이여!

앞에서 소개한 교사의 함정과 실수 외에도 생각나는 것들이 많을 것이다. 교사로서 겪은 함정과 실수들을 섞어 보자.

이 밖에 교사가 빠지기 쉬운 함정들

1. 교사조차 영적 자존감과 꿈도 없으면서 학생들에게 높은 자존감과 꿈꾸는 아이들이 되길 바란다.
2. 열정이 부족하여 아이들을 쉽게 포기한다.
3. 교회에서 맡는 사역이 많아 주일이 더 바쁘다.
4. 기도 없이 아이들이 변화되길 바란다.
5. 자신의 인격과 신앙에 문제가 있음을 깨닫지 못하고 아이들에게만 인격과 신앙의 성숙을 요구한다.
6. 기타

교사로서 가장 자주 실수하는 것은 무엇입니까?

문항	빈도	%
① 언어 습관(언어 관리)	47명	7.4
② 언행 불일치	106명	16.7
③ 감정을 통제하지 못함	88명	13.9
④ 신앙의 본이 되지 못함	170명	26.8
⑤ 잘못된 선입견으로 학생을 판단함	128명	20.2
⑥ 기타	23명	3.6

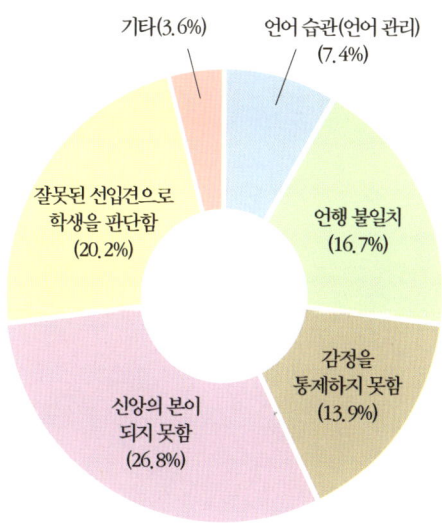

❖ 이 자료는 전국 교회학교 교사를 대상으로 2012년 8월 27일~9월 21일까지 저자가 직접 조사한 설문결과이다(참가한 교회학교 교사 : 634명).

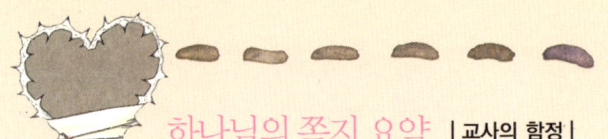

하나님의 쪽지 요약 | 교사의 함정 |

교사가 빠지기 쉬운 함정 5가지

1. 비본질에 집착하는 것

"비본질적인 것들에 집착하지 말고 오직 '복음'을 가르치는 일에 우선순위를 두라."

2. 자기 자랑하느라 아이들을 무시하는 것

"앞에서 아이들을 칭찬하고, 뒤에서도 아이들을 비방하지 말라."

3. 통(通)하지 않는 것

"아이들의 마음까지 이해하고 인정하자."

4. 감정을 통제하지 못하는 것

"감정을 다스릴 수 있는 자제력을 키우자."

5. 말 실수하는 것

"말의 실수를 줄이기 위해서 좋은 언어습관을 가져라."

하나님의 쪽지 나눔 | 교사의 함정 |

1. 교사의 함정들 중에서 내가 자주 빠지는 함정은 무엇인가? 그 이유를 말해 보자.

2. 함정에 빠지지 않기 위해서 이제 어떻게 해야 하는가?

함께 기도하기

나의 실수로 인하여 교사의 함정에 빠지지 않도록 하옵소서.

내 형제들아 너희는 선생된 우리가 더 큰 심판을 받을 줄 알고 선생이 많이 되지 말라 우리가 다 실수가 많으니 만일 말에 실수가 없는 자라면 곧 온전한 사람이라 능히 온몸도 굴레 씌우리라 _야고보서 3:1-2

아홉 번째 하나님의 쪽지
교사의 위대성

아버지가 없는 아버지는 균형 감각을 잃기 쉽다.
스승이 없는 스승은 위험하다. _**도교**

교사는 가장 위대한 리더다

이 세상에서 가장 위대한 리더는 누구라고 생각하는가? 아마 대통령 후보에 오른 정치인, 잘나가는 대기업의 CEO, 능력 있는 고위급 공무원, 유명한 운동 감독, 큰돈을 번 사업가 등을 떠올릴지도 모른다. 모두 아니다. 이 세상에서 가장 위대한 리더는 교사다. 교사가 바로 변화의 모판이요, 변화의 시작이기 때문이다.

너희는 이 세대를 본받지 말고 오직 마음을 새롭게 함으로 변화를 받아 하나님의 선하시고 기뻐하시고 온전하신 뜻이 무엇인지 분별하도록 하라 _로마서 12:2

교사가 왜 위대한 리더인가?

첫째, 교사는 학생들에게 영향력을 끼치기 때문이다.

교사는 수많은 학생들의 인생을 바꿀 만큼의 큰 힘을 가지고 있다. 교사의 선하고 강력한 영향력은 한 학생에게만 한정된 것이 아니라 수백, 수천 아니 수만 명의 학생들에게까지 퍼져 갈 수 있다.

둘째, 교사는 학생들에게 변화를 일으키기 때문이다.

교사는 인격, 열정, 사랑 그리고 영적 리더십 등을 통하여 학생들에게 영향력을 미친다. 따라서 그들의 삶뿐만 아니라 태도의 변화, 가치관의 변화, 꿈의 변화 등 예상치 못한 놀라운 변화들을 유발하는 특별한 계기를 제공할 수 있다.

셋째, 교사는 위대한 리더를 만들어 내기 때문이다.

교사는 감동적인 인격과 높은 수준의 가르침을 통하여 교사 자신보다 더 뛰어난 수준을 갖춘 위대한 리더를 배출할 수 있다. 고귀한 인격을 갖추고 모든 면에서 노력하는 교사가 그 이상의 인격과 능력을 갖춘 제자를 키울 수 있다.

넷째, 교사는 성경교사이기 때문이다.

또 네가 많은 증인 앞에서 내게 들은 바를 충성된 사람들에게 부탁하라 그들이 또 다른 사람들을 가르칠 수 있으리라 _디모데후서 2:2

리더는 가르치는 일을 하는 사람이고 특히 교사가 위대한 리더인 이유는 성경을 가르치는 사람이기 때문이다. 사도 바울은 디모데가 성경교사가 되길 원했다. 가르치는 사역이 기독교의 진리와 복음을 널리 퍼뜨리고, 교회와 교회 일꾼들을 더욱 든든하게 세워, 차세대 리더를 키우는 일이기 때문이다. 이러한 사역들을 감당하는 교사가 바로 위대한 리더이자 교회에 꼭 필요한 존재다.

위대한 사역인, 가르치는 일을 하는 교사가 갖춰야 할 조건을 성경은 이렇게 가르치고 있다.

> 미쁘다 이 말이여, 곧 사람이 감독의 직분을 얻으려 함은 선한 일을 사모하는 것이라 함이로다 그러므로 감독은 책망할 것이 없으며 한 아내의 남편이 되며 절제하며 신중하며 단정하며 나그네를 대접하며 가르치기를 잘하며 술을 즐기지 아니하며 구타하지 아니하며 오직 관용하며 다투지 아니하며 돈을 사랑하지 아니하며 자기 집을 잘 다스려 자녀들로 모든 공손함으로 복종하게 하는 자라야 할지며 사람이 자기 집을 다스릴 줄 알지 못하면 어찌 하나님의 교회를 돌보리요 새로 입교한 자도 말지니 교만하여져서 마귀를 정죄하는 그 정죄에 빠질까 함이요 또한 외인에게서도 선한 증거를 얻은 자라야 할지니 비방과 마귀의 올무에 빠질까 염려하라 _디모데전서 3:1-7

성경교사는 아무나 할 수 있는 일은 아니다. 세상에서 부여한 교사의 조건과 다르다. 교회학교 성경교사는 일반학교 교사와도 다르다. 세상에서 주는 교사자격증이 있다 하더라도 반드시 교회학교 성경교사가 될 수 있는 것이 아니기 때문이다. 성경교사의 조건은 성경에 기록한 대로 행하는 사람을 말한다.

자랑스러운 교사들이여!
그대 이름은 성경교사이자 위대한 리더다.

교사는 위대한 사명을 위임 받은 사람이다

교사는 하나님의 위대한 사명을 위임 받은 사람이다. 이것이 교사의 사명이자 특권이다. 따라서 교사는 가르치는 고귀한 사명을 가볍게 여겨서는 안 된다.

그렇다면 하나님의 위대한 사명은 무엇을 말하는 것일까?

교사에게 주는 하나님의 위대한 사명은 바로 복음 전도를 위한 부르심이다.

그러므로 너희는 가서 모든 민족을 제자로 삼아 아버지

와 아들과 성령의 이름으로 세례를 베풀고 내가 너희에게 분부한 모든 것을 가르쳐 지키게 하라 _마태복음 28:19-20

또 교사에게 주는 하나님의 위대한 사명은 교사가 깨달은 기독교의 진리와 복음을 아이들에게 바르게 가르치는 일이다.

위대한 교사들이여!

교사에게 주신 가르치는 직분은 예수 그리스도께서 교회에게 부여한 여러 가지 위임 중에서 가장 위대한 일이자 핵심이라는 것을 기억하자.

성경에서 말하는
위대한 교사가 되는 길

첫째, 성품이 좋은 교사

유능한 성경교사라 해도 성품에 문제가 있으면 평판이 나빠져 좋은 교사가 될 수 없다. 아이들을 하나님께로 인도하고, 말씀을 먹이고, 전도하도록 부름 받은 교사는 무엇보다 좋은 성품의 사람이어야 한다.

감독은 하나님의 청지기로서 책망할 것이 없고 제 고집대로 하지 아니하며 급히 분내지 아니하며 술을 즐기지 아니하며 구타하지 아니하며 더러운 이득을 탐하지 아니하며 오직 나그네를 대접하며 선행을 좋아하며 신중하며 의로우며 거룩하며 절제하며 미쁜 말씀의 가르침을 그대로 지켜야 하리니 이는 능히 바른 교훈으로 권면하고 거슬러 말하는 자들을 책망하게 하려 함이라 _디도서 1:7-9

둘째, 사랑이 넘치는 교사

교사에게 필요한 사랑은 무엇일까? 그것은 바로 진정한 사랑이다. 진정한 사랑이란 자기 생명을 챙기느라 양떼를 버리고 떠나는 삯군 목자 같은, 이기적인 사랑을 말하는 것이 아니라 아이들의 영혼까지도 품어 주는 선한 목자의 마음을 가진 사랑을 말하는 것이다. 이런 사랑을 지닌 교사가 위대한 하나님의 사명을 온전히 이룰 수 있는 위대한 교사다.

나는 선한 목자라 선한 목자는 양들을 위하여 목숨을 버리거니와 삯꾼은 목자가 아니요 양도 제 양이 아니라 이리가 오는 것을 보면 양을 버리고 달아나나니 이리가 양을 물어 가고 또 해치느니라 달아나는 것은 그가 삯꾼인 까닭에 양을 돌보지 아니함이나 나는 선한 목자라 나는 내 양을 알고 양도 나를 아는 것이 아버지께서 나를 아시고 내가 아버지를 아는 것 같으니 나는 양을 위하여 목숨을 버리노라 _요한복음 10:11-15

셋째, 예수님을 사랑하는 사람

위대한 교사가 되는 것이 어려운 것은 아니다. 좋은 성품도 갖추고, 아이들을 사랑해서 그들을 지키고자 하는 열정이 있다 하더라도 주님을 사랑하는 마음이 없다면 그 사랑과 열정은 물거품이 된다. 위대한 교사에게는 성품도 중요하고 아이들을 사랑하는 마음과 열정도 필요하다. 하지만 위대한 교사의 우선순위는 주님을 먼저 사랑하는 그리스도인이어야 한다.

그들이 조반 먹은 후에 예수께서 시몬 베드로에게 이르시되 요한의 아들 시몬아 네가 이 사람들보다 나를 더 사랑하느냐 하시니 이르되 주님 그러하나이다 내가 주님을 사랑하는 줄 주님께서 아시나이다 이르시되 내 어린 양을 먹이라 하시고 또 두 번째 이르시되 요한의 아들 시몬아 네가 나를 사랑하느냐 하시니 이르되 주님 그러하나이다 내가 주님을 사랑하는 줄 주님께서 아시나이다 이르시되 내 양을 치라 하시고 세 번째 이르시되 요한의 아들 시몬아 네가 나를 사랑하느냐 하시니 주께서 세 번째 네가 나를 사랑하느냐 하시므로 베드로가 근심하여 이르되 주님 모든 것을 아시오매 내가 주님을 사랑하는 줄을 주님께서 아시나이다 예수께서 이르시되 내 양을 먹이라
_요한복음 21:15-17

예수님은 베드로에게 "네가 나를 사랑하느냐?" 하고 세 번 질문하셨다. 그 이유가 무엇일까? 바로 주님의 일을 맡기시기 위함이었다.

예수님께서 베드로에게 일을 맡기시기 전에 무엇을 요구하였는가? 예수님은 베드로의 진심어린 사랑의 고백을 원하셨다. 베드로의 가르치는 능력과 열심, 과거의 업적과 평판, 인간관계, 꿈과 사명 등을 요구한 것이 아니다. 예수님은 오직 베드로의 사랑의 고백만

듣기를 원하셨다.

베드로처럼 예수님을 향한 사랑의 고백이 있다면 나는 벌써 위대한 교사가 된 것이다. 위대한 리더와 위대한 그리스도인이 된 것이다.

그러니 위대한 교사가 되는 것은 어렵지 않다.
먼저 예수님을 사랑하자!
이것이 가르치는 일을 맡은 위대한 교사가 해야 할 가장 중요한 계명이자 의무다.

교사에 대한 오해들

교사가 하나님의 위대한 사명을 위임 받은 직분임에도 불구하고 많은 사람들이 교사에 대해 오해하는 것들이 있다.

첫째, 성경을 많이 알아야 한다.

교사가 되기 위해서는 성경에 대해서 많이 알고, 성경 지식을 잘 가르쳐야 한다.

둘째, 말재주가 있어야 한다.

대부분 교사는 말을 잘해야 한다고 생각한다. 물론

말을 잘하는 것이 못하는 것보다는 낫겠지만 꼭 달변인 사람만 교사가 될 수 있는 건 아니다. 성경에 보면 모세도 말에 자신이 없었다는 것을 알 수 있다.

> 모세가 여호와 앞에서 아뢰되 나는 입이 둔한 자이오니 바로가 어찌 나의 말을 들으리이까 _출애굽기 6:30

셋째, 유머 감각이 있어야 한다.

간혹 교사는 개그맨처럼 아이들을 잘 웃기고 집중시켜야 한다고 생각한다. 물론 너무 뻣뻣하거나 얼굴에 웃음이 없는 교사보다는 재치 있고 잘 웃는 교사를 아이들이 더 따르는 것은 사실이다.

오쇼 라즈니쉬의 '웃음은 어떤 핵무기보다도 강하다.'라는 말처럼, 말을 재미있게 하고 얼굴엔 웃음과 미소가 넘치는 교사는 아이들을 치유하는 긍정적인 에너지를 나눠 줄 뿐만 아니라 아이들과 함께하는 모든 시간을 즐겁고 행복하게 한다.

즐거운 마음은 병을 낫게 하지만, 근심하는 마음은 뼈를 마르게 한다 _잠언 17장 22절

넷째, 강력한 리더십이 있어야 한다.

사람들은 때로 아이들을 무섭게 해서 꽉 잡을 수 있는 교사의 권위가 있어야 한다고 생각한다. 하지만 이것 또한 오해다. 요즘 아이들은 사랑 없는 무서운 교사의 권위, 강한 교사의 리더십보다는 부드러운 섬김의 리더십에 감동 받고 순종한다.

다섯째, 아이들 수준으로 내려가야 한다.

사람들은 교사가 되려면 아이들처럼 행동하고 말하고 보아야 한다고 생각한다. 그러나 이것도 오해다. 교사는 아이들이 아니고 아이들의 가이드다. 그러므로 아이들이 하는 모든 것을 알아야 하거나 따라 할 필요는 없다. 교사는 아이들이 되어서는 안 되고, 또 하나의 부모가 되어 주는 것이 좋다. 교사는 친구이자 부모다. 교사는 친구이자 아이들의 인생과 삶의 길잡이가 되어야 한다.

위대한 교사는 떠나지 않는다

교회학교 교사용 교재나 책들을 읽다 보면 아이들 곁을 떠나야 하나 싶을 때가 있다. 이런 말이 있기 때문이다.

"교사의 열정이 없으면 교회학교 교사직을 떠나세요. 전도를 못하면 교사를 하지 마세요. 매일 성경 읽고, 묵상하지 않으면 교사직에서 떠나세요."

나도 이 책에서 위대한 교사상에 대해 말을 많이 했다. 하지만 이 책에 설명한 모든 것을 그대로 실행하는

교사가 진짜 교사라는 말은 아니다. 이 책에서 말한 모든 것을 행할 수 있는 교사는 이 세상에 없다. 나도 마찬가지다. 나도 대학에서 가르치고 있지만 완전한 교사는 아니다. 이 세상에 완전한 교사는 없다. 오직 한 분 예수님밖에는 없다.

우린 교사다.
위대한 교사는 떠나지 않는다.
위대한 교사는 먼저 예수님 곁을 떠나지 않고, 그다음으로는 아이들 곁을 떠나지 않는다.

자랑스러운 교사들이여!
이 책에서 말한 교사의 조건 중에서 몇 가지를 충족하지 못한다 하더라고 교사직을 떠나서는 안 된다. 위대한 교사의 가장 중요한 조건이 바로 예수님과 아이들의 곁을 떠나지 않는 것이기 때문이다.

아파하는 교사에게 주는 잠언

아버지로부터는 생명을 받았으나, 스승으로부터는 생명을 보람 있게 하기를 배웠다. _역사가 플루타크

교사마저도 포기한다면 주일학교는 무너진다. _최윤식 목사

교회학교 교사로서 자존감이 어떤 편입니까?

문항	빈도	%
① 자존감이 매우 낮다	3명	0.5
② 자존감이 낮다	34명	5.4
③ 보통이다	263명	41.5
④ 자존감이 높다	276명	43.5
⑤ 자존감이 매우 높다	52명	8.2

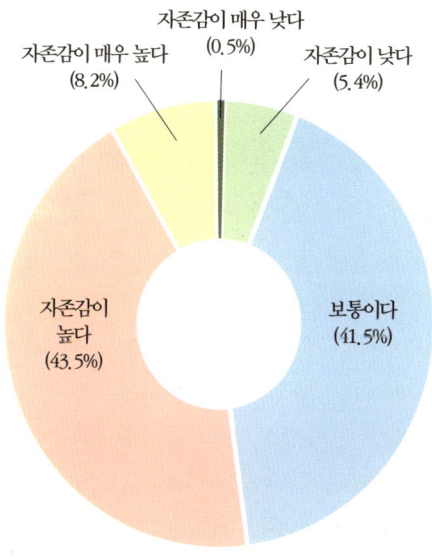

❖ 이 자료는 전국 교회학교 교사를 대상으로 2012년 8월 27일~9월 21일까지 저자가 직접 조사한 설문결과이다(참가한 교회학교 교사 : 634명).

하나님의 쪽지 요약 | 교사의 위대성 |

1. 교사는 가장 위대한 리더다.

교사가 왜 위대한 리더인가?
첫째, 교사는 학생들에게 영향력을 끼치기 때문이다.
둘째, 교사는 학생들의 변화를 일으키기 때문이다.
셋째, 교사는 위대한 리더를 만들어 내기 때문이다.
넷째, 교사는 성경교사이기 때문이다.

2. 교사는 위대한 사명을 위임 받은 사람이다.

교사는 하나님의 위대한 사명을 위임 받은 사람이다. 이는 교사의 사명이자 특권이다.

3. 성경에서 말하는 위대한 교사가 되는 길

첫째, 성품이 좋은 교사
둘째, 사랑이 넘치는 교사
셋째, 예수님을 사랑하는 사람

4. 교사에 대한 오해들

첫째, 성경을 많이 알아야 한다.

둘째, 말재주가 있어야 한다.
셋째, 유머 감각이 있어야 한다.
넷째, 교사의 강력한 리더십이 있어야 한다.
다섯째, 아이들 수준으로 내려가야 한다.

5. 위대한 교사는 떠나지 않는다.

위대한 교사는 먼저 예수님 곁을 떠나지 않고 그다음으로는 아이들 곁을 떠나지 않는다.

하나님의 쪽지 나눔 | 교사의 위대성 |

1. 책에서는 교사가 위대한 리더라고 하였는데, 나는 긍지와 자부심을 갖고 교사직을 하고 있는가? 함께 나누어 보자.

   _____
   _____

2. 위대한 교사와 리더가 되기 위해서 나는 어떤 준비를 해야 하는가? 함께 나누어 보자.

   _____
   _____
   _____
   _____

함께 기도하기

하나님의 위대한 사명을 위임 받은 교사로서 자긍심과 감사하는 마음으로 하나님께서 주신 교사직을 잘 감당하게 하옵소서.

열 번째 하나님의 쪽지
아파하는 교사에게 주는
하나님의 격려

내가 네게 명령한 것이 아니냐 강하고 담대하라 두려워하지 말며 놀라지 말라 네가 어디로 가든지 네 하나님 여호와가 너와 함께 하느니라 하시니라 _**여호수아 1:9**

대답하되 두려워하지 말라 우리와 함께 한 자가 그들과 함께 한 자보다 많으니라 하고 _**열왕기하 6:16**

주님의 일은 돈이나 주변 환경, 사람이 없어서 못하는 것이 아니라 믿음이 부족해서 못하는 것이다. _**송지헌, 〈주일학교 교사 바로 세우기〉**, 211쪽

누구나 격려가 필요하다

링컨이 암살당하던 날에 그가 지녔던 물품이 스미소니언 박물관에 전시되었다. '링컨'이라고 수놓인 작은 손수건, 연필깎이, 칼, 면실로 짠 안경집, 5달러짜리 지폐 그리고 '링컨은 모든 시대의 가장 위대한 정치가 중 한 사람이다.'로 시작하는, 대통령으로서 그의 업적을 칭찬하는 낡은 신문기사 조각 등이었다.

많은 사람들이 가장 위대한 대통령으로 생각하는 링컨은 왜 그 신문지 조각을 가지고 있었을까? 그는 미국 역사에서 가장 어려운 시대를 이끌었기 때문이다. 당시 링컨은 종종 비난과 협박을 받았고 비방을 당했다. 그래서 누군가가 자신을 믿고 있다는 사실을 늘 기억하고자 했던 것이다. _〈모든 것을 변화시키는 격려〉(존 맥스웰, 넥서스북스, 2008, 63p)

미국에서 가장 존경받고 훌륭한 대통령이었던 링컨도 힘들 때마다 격려를 받고 싶어 했다는 것이다. 세상에서 가장 존경받는 대통령이라도, 가장 돈이 많은 CEO라도, 청소년들의 우상이 된 연예인이라도, 미모의 여성이라도, 미래가 촉망되는 젊은이라도, 큰 교회의 목회자라도, 위대한 리더라도, 이 세상에 존재하는 모든 사람들은 누군가로부터 격려와 지지를 받고 싶어한다는 것이다.

격려는 힘과 용기를 준다. 쓰러져 가는 사람을 붙잡아 일으키는 강한 생명력이 있다. 격려는 어떤 상황에서도 흔들리지 않는 내 편과 든든한 지원군이 있다는 믿음을 준다. 사람은 격려를 먹고 산다.

"우리는 격려의 힘으로 살아간다. 격려를 받지 못하면 서서히, 슬프게, 비통하게 죽어간다." _배우 셀레스티 홈

교사도 격려가 필요하다

사람들은 교사는 아이들에게 격려만 해주는 사람이라고 생각한다. 틀린 말은 아닐 것이다. 하지만 교사라고 해서 아이들에게 격려만 하고 자기를 위한 격려는 필요로 하지 않을까?

교사도 열렬한 지지와 격려가 필요한 연약한 사람이고 성도다. 교인들은 교사는 신앙과 믿음이 좋아서 무슨 봉사에든 순종적으로 잘 따르는 사람이라고 생각하는 경향이 높다.

하지만 교사도 사람이고 완전한 교사는 없다. 지치지 않는 성도가 없는 것처럼 지치지 않는 교사는 없다. 전문 사역자인 목회자도 교회일과 여러 가지 사역을 하다 보면 너무 지쳐서 탈진 상태에 빠진 경우도 많다. 교사도 교회 안팎의 일들을 감당하느라 지친 나머지 슬럼프에서 벗어나지 못하는 경우도 종종 있다.

이럴 때 교사에게 가장 절실하게 필요한 것은 무엇일까? 바로 위로와 격려다. 위대한 교사라도 위로와 격려의 공급 없이는 위대한 리더가 될 수 없다.

교사에게 필요한 2가지 격려

교사에게 공급해 주어야 하는 2가지 격려는 무엇일까?

첫째, 사람이 주는 격려

사람이 주는 격려에는 위로, 칭찬, 따뜻함, 공감 등의 말을 사람에게 듣는 것이다. 물론 이것은 한계가 있다. 계속 갈증을 일으키고 금세 목마르게 한다. 사람은 계속해서 사람의 격려를 요구하지만, 격려를 해주는 사람도 격려가 필요한 존재이기 때문에 금방 고갈되고 만다.

둘째, 하나님이 주시는 격려

하나님이 직접 주시는 말씀과 메시지는 사람의 격려와 차원이 다르다. 이것은 한계가 없고 목마르지 않는 생명수와 같다. 하나님이 주시는 끊임없는 격려는 우리의 갈함과 곤함을 치유하신다.

교사는 사람과 하나님의 두 가지 격려가 모두 필요한 존재다. 사람의 격려도 필요하지만 무엇보다 하나님이 주는 격려를 공급 받는 교사가 되어야 한다.

누구보다 격려가 필요한 존재가 교사지만 그렇다고 해서 사람이 주는 달콤한 격려만 원하는 교사가 되어서는 안 된다. 위대한 교사는 사람의 달콤한 격려에서 힘을 얻는 것이 아니라 하나님이 주시는 무한한 격려에서 새 힘을 얻는 자다. 이것을 기억하고 체험하는 교사가 위대한 교사다.

교사에게 주는 하나님의 격려를 사모하라.

교회학교의 건강한 성숙과 성장은 누구에게 달려 있는가? 바로 교사에게 달려 있다 해도 지나친 말이 아닐 것이다. 이와 같이 주의 일을 하고 있는 선한 목자인 교사들에게 하나님께서는 항상 말씀으로 격려하고 위로하길 원하신다. 교사를 격려하시는 말씀을 살펴보자.

먼저, 누구에게 먼저 격려를 받아야 하는가? 누가 교사를 세우셨는가? 하나님께서 교사를 세우셨다. 그러므로 교사는 하나님께로부터 격려와 위로를 받아야 하는 것이다.

그가 어떤 사람은 사도로, 어떤 사람은 선지자로, 어떤 사람은 복음 전하는 자로, 어떤 사람은 목사와 교사로 삼으셨으니 _에베소서 4:11

사도, 선지자, 복음을 전하는 자, 목사와 마찬가지로 교사도 하나님께서 세우셨다. 그리고 이들과 똑같이 일을 맡기셨다. 교사도 생명을 살리고 보살피는 일을 맡은 주님의 사명자다.

> 이는 성도를 온전하게 하여 봉사의 일을 하게 하며 그리스도의 몸을 세우려 하심이라 _에베소서 4:12

교사는 갓난아이와 같이, 영적인 하나님의 말씀과 격려의 말씀을 사모해야 한다. 그리하면 늘 후히 주시길 원하는 하나님께서 차고 넘치는 풍성한 격려를 주신다.

> 갓난아기들 같이 순전하고 신령한 젖을 사모하라 _베드로전서 2:2

위대한 교사들이여!
하나님께서 주시는 하나님의 격려를 사모하라.
그리고 하나님의 칭찬을 바라보라.

> 그 주인이 이르되 잘하였도다 착하고 충성된 종아 네가

> 적은 일에 충성하였으매 내가 많은 것을 네게 맡기리니
> 네 주인의 즐거움에 참여할지어다 하고 _마태복음 25:23

위대한 교사는 사람의 칭찬에 기댈 것이 아니라 하나님의 칭찬에 목숨을 걸어야 한다. 위대한 교사는 사람의 격려가 없어도 즐거움과 기쁨으로 주의 일(교사직)에 참여하는 사명자여야 한다. 위대한 교사는 하나님의 격려와 칭찬을 바라보며 교사직을 천직으로 알고 건강이 허락하는 날까지 어린 생명을 보살피기로 약속한 사람이다.

> 이제 내가 사람들에게 좋게 하랴 하나님께 좋게 하랴 사람들에게 기쁨을 구하랴 내가 지금까지 사람들의 기쁨을 구하였다면 그리스도의 종이 아니니라 _갈라디아서 1:10

위대한 교사는 사람의 인정과 격려 때문에 일하는 사람이 아니다. 사람의 기쁨이 아닌 오직 하나님의 기쁨을 구하기 위해서 일하는 사람이다.

위대한 교사는 예수 그리스도의 일꾼이요, 하나님의 비밀을 맡은 대사다. 예수 그리스도의 명령을 위탁 받아 교사된 사람으로서 위탁 받은 자의 가장 큰 의무는 충성이요, 그분만을 높이는 일에 집중해야 한다.

> 사람이 마땅히 우리를 그리스도의 일꾼이요 하나님의 비밀을 맡은 자로 여길지어다 그리고 맡은 자들에게 구할 것은 충성이니라 _고린도전서 4:1-2

> 그런즉 너희가 먹든지 마시든지 무엇을 하든지 다 하나님의 영광을 위하여 하라 _고린도전서 10:31

> 주 앞에서 낮추라 그리하면 주께서 너희를 높이시리라 _야고보서 4:10

아파하는 교사에게 주는 잠언

주일학교는 교회의 모판과 같다. 모판을 우습게 여기면 가을날 수확도 없다는 사실을 우리는 마음 깊이 새겨야 한다. _김동호 목사

평범한 교사는 말을 전한다. 훌륭한 교사는 설명을 한다. 뛰어난 교사는 모범을 보인다. 위대한 교사는 스스로 하고픈 마음이 생기도록 한다. _시인 윌리엄 아서 워드

나에게는 작은 것이 다른 사람에게는 무엇보다 큰 것이 될 수 있다. _이름 없는 교사

교사는 가르치는 학생들이 마음속에 지니고 있는 욕구를 하나님의 영원하신 말씀으로 충족해 주어야 할 책임이 있다. _브루스 윌킨슨 박사

별다른 것 없는 사람들이 교사에 의해 각자 특별한 사람이 되는 법을 배우는 것을 보면 교사란 최고의 직업이다. _작자 미상

가르친다는 것은 다시 배우는 일이다. _올리버 웬들 홈스 의학자

나는 나의 선생들로부터 많은 것을 배웠고, 더 많은 것들을 동료에게 배웠지만, 가장 많이 배운 것들은 내 제자들에게서 배웠다. _탈무드

지금의 교회학교 교사직에 대한 만족도는 어느 정도입니까?

문항	빈도	%
① 매우 불만족한다	9명	1.4
② 불만족한다	15명	2.4
③ 보통이다	210명	33.1
④ 만족한다	304명	47.9
⑤ 매우 만족한다	90명	14.2

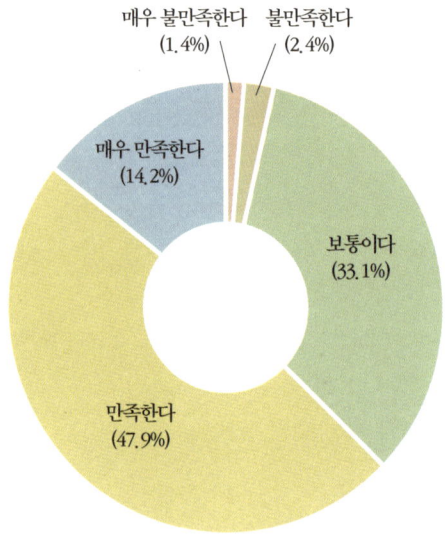

❖ 이 자료는 전국 교회학교 교사를 대상으로 2012년 8월 27일~9월 21일까지 저자가 직접 조사한 설문결과이다(참가한 교회학교 교사 : 634명).